绝对利润

增加盈利的管理方案

王 昊◎著

沈阳出版发行集团
沈阳出版社

图书在版编目（CIP）数据

绝对利润：增加盈利的管理方案 / 王昊著 . --
沈阳 : 沈阳出版社 , 2024. 11. -- ISBN 978-7-5716
-4570-0

Ⅰ . F275.4

中国国家版本馆 CIP 数据核字第 2024QJ7452 号

出版发行：沈阳出版发行集团 | 沈阳出版社
（地址：沈阳市沈河区南翰林路 10 号　邮编：110011）
网　　　址：http:www.sycbs.com
印　　　刷：三河市金泰源印务有限公司
幅面尺寸：165mm×235mm
印　　　张：12.5
字　　　数：160 千字
出版时间：2024 年 11 月第 1 版
印刷时间：2024 年 11 月第 1 次印刷
责任编辑：萧大勇
封面设计：仙境设计
版式设计：许　可
责任校对：郑　丽
责任监印：杨　旭

书　　　号：ISBN 978-7-5716-4570-0
定　　　价：58.00 元

联系电话：024-24112447
E-mail：sy24112447 @ 163.com

本书若有印装质量问题，影响阅读，请与出版社联系调换。

前 言

对于企业来说,最直接的目的就是盈利,企业对于相关项目的投入,对于市场的开发,往往都是为了获得更多的利润,这是支撑企业走下去的重要保障。从这一方面来说,利润是衡量企业优劣的重要标志,是评价管理层业绩的重要指标,也是财务报告使用者决策的重要参考。

利润是一个相对复杂的话题,但人们对于利润的认知比较肤浅,而且受制于传统思维的影响,很容易产生偏见。比如,很多人觉得企业家往往会剥削劳动者,还会故意抬高产品的价格,让客户花费更多的钱购买产品和服务。而企业家之所以这样做,主要是为了获得更多的利益来满足自己的个人享受。

然而,从整个社会角度来看,企业追求利润具有更多的社会意义,因为企业获得的利润本身也是社会财富的一部分,企业创造利润的经营活动同样可以为社会创造财富,还能够带动就业,并推动各行各业的发展。当企业的利润得到提升时,表明企业运行良好,劳动力产生了相应的价值,其他行业也会相应地得到增长。此外,企业和领导者会通过经营管理创造财富,如果企业和企业家做得很出色,那么社会会给予他们更大的权力做这件事,这个时候企业会越做越大,越做越强。一旦企业发展不良,社会就会收回这种经营管理的权力,整个企业就会面临破产。

也正是因为如此,优秀的企业家不仅会看重企业的经济效益,还会注重提升企业的社会效益。他们会将企业获得的利润回报给社会,通过一些公益活动和服务社会的行为来提升自身的价值和影响力,这样他们将会获得更多的机会来拓展自己的事业，提升企业的利润。对于企业的片面认知和狭隘认知，会直接影响人们追求利润的方式，对企业未来的发展也非常不利。

人们应该更加理性地看待利润，应该构建一个全面的、立体的、长远的认知，要意识到利润在企业发展过程中，在社会发展过程中的价值。在很多时候，利润或许不是企业发展最重要的指标，却是不可或缺的一项指标。一家不能够创造利润的公司（无论是现在还是将来），是无法赢得社会的认同，也不可能真正给企业家、员工、股东、产业链乃至整个社会创造价值和财富的，这样一家企业没有任何存在的价值。

回归到本源。利润只不过是一个非常重要的经济学概念，也是企业发展当中的核心指标之一，一般分为营业利润、利润总额和净利润三个部分。它是企业在一定会计期间的经营成果，是销售价格与销售成本的差额，本质上来说，利润是由于不等价的交换所造成的财富转移。人们通过提高生产效率或产品品质，确保自己能够用较少、较廉价的生产要素交换到更多的人类劳动或生产要素，从某种意义上说，利润就是剩余价值的转换形式。

既然利润是销售价格与销售成本的差额，或者说是收入与成本、费用之间的差额，那么在提高利润的时候，似乎只要专注于提高产品价格，降低生产和营销成本，就能够保证利润的最大化。理论上是这样，但在实际的操作中，人们不可能只将注意力放在提高价格以及降低成本上。人们经常会狭隘地认为利润来源于产品的设计，只要产品足够好，只要产品卖得贵，制造足够的差价，就可以创造更多的利润。其实，这种思维并不完全符合企业运营的逻辑。

因为提高价格的策略并不能凭借主观意愿去执行，企业随意抬价的行为很有可能会产生副作用，造成产品销量的快速萎缩和库存产品的积压。同样，降低成本也不是让企业随意偷工减料，压缩各项开支，毕竟很多成本本身是不可回避，也是不可或缺的，企业必须找到那些无法产生价值和收益的成本投入。这两个影响利润多少的关键要素本身就无法独立拿出来分析，它们的背后其实是整个企业运营管理体系。比如，提高产品的价格就关系到产品的性能、竞争力、品牌溢价、服务的水平等因素，而降低成本也和流程管理、工作效率、人员配置、企业结构、管理机制、营销方式等因素息息相关。

从现实操作的角度来看，企业真正获取利润，需要涉及方方面面的内容：没有好的产品（迎合客户需求，解决客户痛点的产品），就没有市场；没有出色的营销，产品就卖不出去，大量库存会增加经营成本，不仅如此，产品销量不景气在某种程度上会影响边际成本的下降；没有高效的管理，内部的资源浪费会严重增加成本，流程不合理会导致办事效率会不断下降，内部的腐败又会直接破坏员工工作的积极性；没有完善而周到的服务，企业未来的产品营销会遭遇巨大的冲击，生意无法做长久。总之，在追求利润的时候，可能需要整个企业做好充分的准备，需要构建高效合理的设计，而不是将思维局限在单一产品的交易或者单一场景下的价值交换模式中。

这也是本书写作的切入点：企业想要获得更高的利润，想要通过追逐利润来寻求更好的发展，那么就要全方位地武装自己，打造更强大的盈利模式，设计更高效的方法和机制。书中分别从效率问题、制度管理、成本结构、流程设计、利润池挖掘、创新机制、风险控制等多个方面的内容出发，谈到了利润增长的方式和策略，尽可能从多个维度进行分析，找到促进利润增长的方法。

目 录

第一章 利润究竟是什么

为什么很多企业大而不强 / 003

影响利润的三个基本要素 / 007

运用四大要素,构建更加高效的企业设计 / 010

常见的几种盈利模式 / 013

提升利润的一个要点就是保证充足的现金流 / 017

章节须知:利润管理是企业经营管理的重要工作 / 020

第二章 提升工作效率,增加企业效益

合理运用杠杆,实现利润倍增 / 025

强化人才管理,提升员工工作效率 / 029

简化工作流程,删除不必要的环节 / 033

构建内部的信息共享机制,提升合作效率 / 037

运用模块化思维来经营管理企业 / 040

章节须知:企业的效率边界与资源的最优化配置 / 043

第三章　积极关注市场，挖掘更多的利润

坚持以客户需求为中心，寻找利润区 / 049

细化市场，寻找未被发现的利润区 / 053

占领客户的心智，让他们心甘情愿地掏钱 / 057

提供解决方案，而不是出售产品 / 060

参与价值链竞争，在价值链上寻找利润区 / 063

寻求战略突破，提升企业的竞争力 / 066

章节须知：如何将公司引入利润区 / 070

第四章　做好成本控制，打造合理的成本结构

开设不同的账户，了解每一笔支出 / 075

成本控制，主要是为了减少无效成本 / 079

丰富进货渠道，提升议价空间 / 083

积极偿还债务，减少成本消耗 / 086

逐步从重资产向轻资产模式过渡 / 090

章节须知：改变传统的预算观念和模式 / 093

第五章　强化内部资产管理，挖深企业的利润池

剥离不挣钱的业务，去除不良资产 / 099

坚守"二八法则"，实现业务聚焦 / 102

整合内部资源，构建更高效的业务组合 / 105

加快资金的周转能力，提高赚钱速度 / 109

收购高利润、高回报的企业 / 113

章节须知：什么样的资产能够真正创造利润 / 116

第六章　坚持走创新之路，推动利润的增长

升级、更换盈利模式，打造新的利润增长点 / 123

打造可持续的创新模式 / 126

创新商业模式，增强盈利能力 / 129

推动组织结构创新，提升企业的管理水平 / 132

消除创新的阻力，保持内部统一 / 136

章节须知：什么是企业创新 / 140

第七章　积极控制风险，减少利润流失的可能

及时消除坏战略，为企业的发展指明正确的方向 / 147

提高管理者的素养，降低管理不当造成的风险 / 150

做企业最擅长而非看起来最赚钱的项目 / 153

设置止损线，避免亏损放大 / 156

及时解决问题，不要让问题继续存在下去 / 159

章节须知：企业该如何合理掌控风险和收益 / 163

第八章　思维的高度，决定企业的上升高度

企业是如何进行利润分配的 / 169

培养全局思维，从大局上看待企业的发展 / 173

关注发展结果，更要重视成长过程 / 177

过度看重利润，会让企业陷入短视的困境 / 180

改变思维逻辑，构建新的思维体系 / 184

章节须知：向前看，不要满足于现状 / 187

第一章
利润究竟是什么

利润始终是企业发展的核心，毕竟只有企业最大限度地获得利润，企业的发展空间才会得到拓展，企业才能够在未来很长一段时间内保持增长趋势和竞争力。利润管理是企业对利润的形成、实现、分配进行计划、控制、考核和监督等工作的总称，推行利润管理的目的是增强企业的利润。

为什么很多企业大而不强

国产智能手机这些年发展速度很快，不仅打破了苹果手机、三星手机在国内市场的销售神话和垄断地位，很多厂商还实现了对这些国际手机巨头的反超，即便在国际市场，很多国产智能手机品牌也拥有了不错的市场份额。比如在2018年，全球智能手机出货量前五名是三星、苹果、华为、小米、OPPO，vivo则排名第六位。在2019年的全球智能手机出货量排名中，出货量前十名的榜单上有七家是国产厂商。同样地，2020年出货量前六的手机品牌分别为三星、苹果、华为、小米、OPPO和vivo。

国产智能手机的规模越来越大，国产手机品牌不断走向海外市场。不过，需要认清的现实是，绝大多数国产智能手机在国际市场上不具备太大的竞争力，只能依靠更低的价格和更新潮的设计俘获消费者。一些国产手机品牌或许能够短时间内吸引大量消费者关注，但这些品牌本身的研发能力和技术积累非常有限，无法真正长久地维持高份额、高竞争力的局面。除了少数几家国产手机品牌可以做大做强之外，不少国产手机品牌都陷入了大而不强的尴尬局面，它们在高端市场份额占比过低，只能依靠中低端产品冲销量，而这些相对廉价的机型基本上只能获取微薄的利润。也正因为如此，整个国际市场的手机利润都被苹果、三星这样的巨头垄断了。

除了智能手机之外，很多企业都会面临这样的发展困局，为了获得更多的生存空间，它们可能会走低端、低价路线，通过更廉价的产品和更低端的产业布局来增加销路，但它们很容易陷入大而不强的发展陷阱。这些企业每年的营业额看上去非常可观，但每一年的开支同样很惊人，很多年收入突破数十亿元的大企业，可能开支也达到了几十亿元。假设某企业的年营业收入达到了10亿元，但是各项开支达到了9亿5千万元，那么这家企业并不属于一家具有几十亿元体量的大企业，而是一家价值5千万元的企业。

最典型的就是国内的很多上市公司，像2016年，新三板上的141家挂牌企业发布了前一年的业绩报告，结果净利润规模超过一千万的有97家，占比69%。要知道这些企业已经是新三板上的优等生了，那些没有发布业绩报告的企业，财务状况也并不理想。如果按照2014年发布的数据，那么事情的真相是高达73%的新三板挂牌企业一年所得利润还买不起深圳一套房。这些看起来还不错的上市公司，在市场上并不具备多少竞争力，抵御风险的能力也非常薄弱，一旦市场出现变故，它们很难生存下来。就连国内一些巨头公司，也存在规模大但是利润不高的问题，比如2017年，国内某石油公司，其收入在世界500强企业中也靠前，但是利润只有埃克森美孚石油公司的六分之一。国内一家汽车巨头的收入是韩国起亚汽车的2倍，但利润只有对方的二分之一。

这一年世界500强企业榜单上，中国企业的平均总资产收益率仅为1.65%。也就是说，100元钱的资产只能产生1.65元的税后利润，而美国企业的平均总资产收益率高达4.79%，是中国企业的2.9倍。

很多人认为净利率和营业收入有关系，营业收入越高的企业，净利率肯定越高，但实际上两者之间的关系并非如此，营业收入只是影响净利润以及净利率的因素之一，两者之间没有必然的关联性。在某一次内部谈话中，股神巴菲特就谈到了主营收入的问题："大部分机构，包括商业机构及其他机构，衡量自己或者被别人衡量，以及激励下属管理人员，所使用的标准绝大部分是营业收入规模大小。问问那些名列财富500强的大公司的经理人他们的公司排名第几位，他们回答的排名数字肯定是营业收入排名。他们可能根本都不知道，如果营业收入财富500强企业根据盈利能力进行排名的话，自己的公司会排名在第几位。"

为什么很多公司看起来规模很大，营业额也不错，却难以变成一家真正有竞争实力的公司呢？其中一个重要的原因就在于它们的利润非常有限，微薄的利润很大程度上是因为缺乏核心竞争力，企业在技术研发、管理水平、营销策略、战略眼光、人才资源等方面不具备竞争优势，以至于企业很难真正获得更多的利润。而这样的企业往往很难产生真正的、持续的市场影响力，还往往会因为利润微薄而陷入发展困境之中。

许多企业只懂得盲目扩张，结果陷入"巨婴"状态，它们拥有很大的市场份额，拥有令人羡慕的发展规模和各种各样的项目，可是企业存在反应迟缓、竞争力低下等诸多问题，整个企业的发展逻辑、商业模式、战略思维、管理理念、技术实力、服务水平、创新意识都无法跟上扩张的脚步。企业几乎所有资源都用来扩张，而没有真正用来提升核心竞争力，也没有用来提升利润。当企业缺乏足够强大的核心竞争力时，它们无法进入高端市场参与竞争，无法真正控制住产业链，无法通过技术、服务、品牌力、销售网络、成本控制来实现利润的攀升。而当企业缺乏足够的利润时，后续的发展又会受到严重的制约，而且企业的容错能力和抵御风险的能力会越来越低。

一个有意思的悖论是：企业市场规模的扩大，销量的增加，会在一定程度上降低产品的成本，因为开拓市场所花费的成本被进一步平摊了。但与此同时，一个新的问题会出现，那就是企业通常很难维持相同的产品和服务，考虑到为继续留住老客户所做的努力，企业需要增加一些额外的新产品和服务，而这又会制造新的成本。为了迎合新的客户，企业则需要投入更多的精力和成本来满足新的需求，这就会导致企业的运营变得更加复杂，而且充满了更多的不确定性。

还有一点，当企业发展规模不断扩大时，整个企业越容易面临大企业病，企业内部管理会出现很多问题，包括腐败问题、沟通低效问题、机构臃肿、办事效率低下、部门之间的相互消耗和阻碍问题、项目投资分散问题、资源浪费问题。这些问题会严重消耗内部资金，制约企业的发展，最终影响利润的获取。

正因为如此，企业不能一味拓展发展规模，不能一味想着如何去赢得更多的市场，而应该想着如何将技术、服务、品牌转化成为市场，想着如何将市场转化为利润，想着如何增强企业的未来生存能力和增长空间。利润是企业发展的直接目标，也是一个核心指标，企业想要实现持续发展，就要坚持以利润为核心，确保流程管理、技术研发、营销策略、服务方式都要围绕着提升利润来运作，从而提升企业的竞争力。

影响利润的三个基本要素

企业提升利润的方式多种多样,影响利润大小的因素也有很多,但是综合起来往往只有三点,那就是保证销售最大化、费用最小化和时间最短化。

在确保销售最大化时,企业需要想办法提升销售额或者营业额,而销售额又是企业获得利润的一种方法。而想要提升销售额,可以重点关注两个方面的内容:第一个是销量;第二个是价格。企业要最大限度地卖出自己的产品和服务,通常情况下,卖掉的产品越多,企业的营业额也就越大。销量是衡量企业市场影响力的核心指标之一。一个企业想要在市场上获得更高的关注度,想要确定自己的地位,甚至构建护城河,便要想办法提高销量。

为了提升销量,企业需要保证自己的产品性能和质量具备足够的说服力,需要保证自己的营销策略和营销渠道足够强大,还要保证自己拥有更加完善的服务平台和服务机制。此外,企业需要针对不同的客户设计不同的方案,重点关注那些能够进行长久合作的重要客户。

如何合理定价是提升销售额和产品利润至关重要的一环。从某种程度上来说,定价就等于经营,因为企业的产品如果定价过高,就很容易让客户丧失兴趣,从而造成严重的库存积压,这个时候高价反而会带来高成本和低收益。如果产品定价过低,企业往往就很难获得预期的收益,盈利会受到较大的影响,甚至可能出现亏本的情况。企业想要确保获得预期的利润,就要进行科学合理定价，努力找到能够得到客户认同且客户心甘情愿付钱购买的最高价格。说起来容易做起来很难，企业在定价之前需要对顾客进行了解，判断新产品对顾客的价值，只要顾客对产品价格背后的价值认同，那么企业就可以按照相应的定价进行销售。与此同时，企业还需要对市场上的同类产品定价进行调查，设身处地地考虑顾客的需求和经济实力，制定一个能够让顾客满意的最高价格。

而为了实现费用最小化，企业需要尽可能做好成本控制，比如提升工作效率，并在必要的时候需要利用规模经济带来的优势，实现成本的削减。许多人认为销售额增加就可以实现费用的降低，这种想法非常片面，如果销售额的增加是以成本增加为代价的，那么销售额的增加就毫无意义，企业根本没有办法实现效益的大幅度增加。优秀的企业需要在增加销售额和营业额的同时，努力控制成本，最大限度削减各项开支。

为了控制成本，企业需要保证自己的经营管理活动更加合理。比如，设计更为合理的预算，尽可能减少一切不必要的开支，将那些回报率低、没有回报甚至亏损的开支剔除，将那些无法转化成为价值的项目投资剔除，将那些造成资源浪费甚至挤压其他项目成长的不良资产剔除。企业还需要对生产方式、营销模式等进行合理的变革，确保产品和服务转化成效益的成功率。有必要的话，还要在内部打造勤俭节约的企业文化，帮助员工树立正确的价值观。

销售最大化与费用最小化往往需要一个时间变量来衡量，因为企业的发展本身是需要考虑时间成本的，工作量不同，难度不一样，最终耗费的时间不一样，但无论怎样，确保时间最短化都是有效提升效率，增加利润的关键。一般来说，衡量时间长短的指标很简单，那就是对一小时劳动时间内所创造的附加价值额进行判断。企业先将部门销售额减去工资以外的开支，计算出部门所创造的附加价值，接着只要用这个附加价值除以该部门在项目上所花费的总劳动时间，就可以顺利计算出部门的单位时间利润。

想要确保利润的提升，那么就要将上面三个要素结合起来。当下越来越多的企业发展缓慢，尽管有的企业拥有出色的技术，拥有非常好的团队，拥有超高的销售额，但有时候这些并没有真正转化成为利润。在传统的思维认知中，人们通常会认为只要自己的产品够好，只要自己的发展规模够大，只要自己建立起一定的知名度，就可以实现利润的大幅度提升。然而，并不是某一个环节得到改善就可以提升利润，也不是某一个项目完善后就能够实现利润提升。

比如，许多企业招收了大量的专业人才，这些人也确实为企业创造了惊人的销量和不菲的收益，但为了留住人才，企业不得不每年花费大量资金用于提高员工的薪资待遇，包括员工的工资、奖金、分红、五险一金、生活补助等。这些开支可能达到了营业额的25%以上，而这样一个极限值本身就是不合理的，对企业来说也是一个沉重的负担，最后的结果是企业看起来挣了钱，但基本上都用在员工的开支上了。这样的企业根本没有办法利用剩余利润继续投资，继续成长，自然也难以真正做大做强。

也有一些企业反其道而行，尽可能缩减员工的工资，希望用这样的方式增加公司的利润，但这样做很容易导致员工工作积极性受挫，很容易导致内部产生懈怠情绪，最终导致企业的生产效率越来越低，利润直线下降。

还有一些企业会片面增加研发的投入，甚至不惜花费巨资从国外聘用顶级人才研发一些新技术和新产品。大量的投入造成了严重的成本负担，而研发成果却无法转化成为具有市场竞争力的产品，很多技术看起来很先进、很超前，却根本不能迎合市场需求，销量非常惨淡，导致企业陷入"以技术为导向"的发展陷阱之中。这样的企业很快会因为美好的技术梦而遭遇危机。

总之，企业想要提升利润，就要在把握这三个要素的基础上打造一个更合理的运行体系，从而确保整个企业在合理的、良性的状态下运行。

运用四大要素，构建更加高效的企业设计

在传统的经营思维中，高市场占有率和高增长率是企业提升利润的基本保障，而这源于过去社会的经济发展层次不高，整个市场停留在以产品为中心的层面上，使得产品的销售在企业利润中具有决定性作用。可是随着技术的提升、市场的拓展、风险资本的注入，企业的生存环境已经发生了翻天覆地的变化，过去那种老旧的经济秩序已经不能满足企业的发展和利润的增长了，高市场占有率有时候会成为企业发展的巨大负担。

在新经济秩序下，客户的地位变得更加重要，以客户为中心的经营管理理念占据主流，高盈利模式开始被企业重视，企业开始围绕这两个变化进行设计，为利润的提升注入新的活力。高市场占有率和高增长率仍旧是考量企业发展的指标，但更重要的是打造高效的企业设计。企业需要了解自己所在行业的盈利区，然后评估自己的企业设计与客户想要并愿意支付的价格是否匹配，判断自己是否具备更为明显的成本优势来制造更多的利润空间。

从某种意义上来说，利润就是设计出来的。在新的经济秩序下，企业不再单纯地从产品上获得利润，而应该想办法让客户心甘情愿地付钱，并以此来创造更多的利润。为此，企业需要设计出更加合理的、高效的经营管理体系，从各个维度上完善企业的盈利指标，保证利润的稳定性、持续性。想要做到这一点，就需要熟练运用四大要素。

客户选择

考虑到盈利模式的多样化发展，考虑到市场不断细分，企业要做的就是细分客户群。弄清楚哪些客户可以选择，哪些客户不能选择，哪些客户可以为自己带来足够的利润，自己将会为哪些客户创造价值，然后选择那些最优质且最适合企业的客户群。

价值获取

价值获取就是企业通过为客户创造价值来获取相应的回报。一般来说，企业通过销售产品带来的收益或者收取服务费来获得价值，企业不仅采用了传统的价值获取机制，也开始创新性地为客户创造更多的价值，并从中获得丰厚的回报。价值获取实际上要思考的问题是：企业如何通过给客户创造价值来获利？企业具体的盈利模式是怎样的？

战略控制

做好战略控制实际上只需要回答两个问题："客户为什么要选择我们的产品和服务？""客户为什么必须购买我们的产品和服务？"从这两个问题出发，企业可以找到并构建一个出色的企业设计，并以此来保护利润。企业要找到吸引客户的关键要素，明确自身与其他竞争者之间的差异，弄清自己的价值主张与竞争对手相比具有哪些特别之处。此外，企业要找出那些能够抵消客户与竞争对手力量的战略控制点。

业务范围

业务范围指的是企业的业务活动范畴以及企业为客户提供的产品和服务类型，企业要弄清楚自己为客户提供什么样的产品和服务，要为客户提供什么样的解决方案，同时还必须明确哪些业务活动和功能是企业需要且能够自己完成的，哪些需要外包给其他企业，或者与其他企业共同合作。还有一点，企业的业务范围是可以调整的，当价值转移到新客户或者新客户群时，企业便需要改变其目标客户群，相应的价值获取和战略控制也要改变。这些变化导致企业必须及时调整自己的业务范围，保证企业经营的合理与高效。

  自嗨锅便是依靠这四个要素来构建企业设计的。2016年，百草味被收购，创始人蔡红亮选择沉淀自己，同时伺机寻找新的商机。他看中了互联网代餐零食市场，并且开始对市场进行调研。那个时候，他发现很多年轻人不再像"80后"那样喜欢聚餐，他们特立独行，拒绝恪守常规，喜欢拥有更大的私人空间，连吃饭也不例外。这直接促成"一人食"文化的兴起。

  了解市场的蔡红亮推出了自嗨锅品牌。自嗨锅与传统的火锅并不相同，迎合的是一个人吃火锅的生活趣味与需求，也迎合了年轻人喜欢安静独处，不被世俗同化，不被大众抹杀个性的心态。这种即热即食的火锅，简单便捷，不会造成浪费，更重要的是直接将年轻人从厨房中解放出来，因此很快受到市场的关注。

  为了拓展销量，蔡红亮将百草味的经营理念熟练运用到自嗨锅的营销之中，通过明星代言、平台直播、线下便利店等方式，迅速出击，使得自嗨锅成为风靡一时的爆品。

利润的提升离不开好的企业设计，可以说企业设计的水平直接决定了利润的多少。企业应该积极转变思维，挣脱利润与产品的单一维度捆绑，从整个企业设计层面上来看待利润、挖掘利润、保护利润、提升利润。

常见的几种盈利模式

随着市场竞争越来越激烈,企业想要获得利润的难度不断增加,即便拥有很好的产品和服务,即便这些产品迎合了客户的需求,也不代表利润就会产生。因此,企业需要打造明确的计划和机制,一步步引导利润发生。具体来说,就是企业需要明确自己必须采取什么样的行动来获取利润,需要明确自己应该采用什么样的盈利模式。

选择适合自己的盈利模式,无疑可以使企业更高效地获取利润。一般来说,比较常见的盈利模式包括以下几种。

客户解决方案模型

这种类型的盈利模式注重对客户痛点的解决。一般情况下,企业会做好市场调研,了解客户的痛点和需求,它们会投入大量资金来帮助客户,维持客户关系。之后企业才会针对性地研发相应的产品和服务,或者设计出相应的解决方案,适应客户的业务需求。这种模式虽然需要增加前期投入,但随着问题得到解决,随着客户的好感度增加,企业很快就会扭亏为盈,并且能够留住大量忠诚的客户,而留住了客户,自然就留住了利润。

中介业务模型

在一些市场上，经常会出现多个供应商与多个客户之间发生交易的现象，这种分散的交易模式往往会增加成本。因此，一些企业可以选择打造一个沟通平台或者沟通渠道，吸引所有的供应商和客户在平台上交易，提供平台的企业只收取中介费用。这种中介业务可以帮助交易双方降低成本，降低交易的风险，同时增加交易的便利性，因此会受到大批客户的欢迎。

先发产品模型

在市场上，无论是挖掘新的商机，还是率先进行变革，都会带来不菲的收益，但是随之而来的模仿和跟进也会导致市场逐渐趋于饱和。这是一个无法改变的定式，企业唯一能做的就是保持先发优势，并且在竞争对手没有跟进之前尽可能获取更多的利润，而这要求企业保持更高效的盈利模式。

利润乘数模型

利润乘数模型是指企业同一产品、服务、商标、能力，可以重复创造利润，最常见的是加盟商模式。企业每一次吸收新的加盟商，都可以利用自己的商标和产品挣钱。此外，一些企业会推出品牌授权模式，商家会将商标授权给其他企业使用，并获取相应的收益。

专业化利润模型

所谓专业化利润模型是指企业在拓展业务范围的时候，不是同时采取四面出击的方式，而是先在自己擅长的领域（能够最大限度发挥专业优势）开展业务，然后将相关的经验、技术逐步扩散到其他领域和业务活动中。这种序列专业化的模型可以带来更多的利润，同时有效控制好业务扩张带来的风险。

产品金字塔

产品金字塔实际上就是打造低端、中端、高端等不同层次的产品。金字塔底部是由低端产品构成的，这些产品利润微薄，却起到了阻挡竞争对手进入市场的作用，可以有效保护高端产品获取高利润，因此具备很大的战略意义。

产品派生模型

优秀的盈利模式是能够在现有产品基础上持续推出后续业务，并不断创造收益的产品模型，而产品派生模型就是如此。产品派生模型，是指企业会重点打造一款可以拓展的基础产品，然后在客户在购买这款基础产品之后会产生一定的依赖，或者养成相应的消费习惯，这个时候，企业就可以对基础产品进行延伸，推出更多派生出来的产品。这些产品通常能够赢得老客户的认同，并为企业创造新的利润。

行业标准模型

在行业中，每家企业可能都拥有自己的发展形态和模型，但只有少数发展模型能够创造惊人的利润，而行业标准模型就是其中之一。如果一家企业可以制定行业标准，其产品和服务就在行业中占据绝对的竞争优势。这是因为所有后续进入市场的产品和服务都要按照这个标准来设计，整个市场的竞争格局就会受到行业标准的影响。

区域领先模型

一家企业想要成为全国第一或者全球第一往往很难，但是成为区域第一就相对容易一些。当一家企业的实力不够强时，盲目扩大规模和拉长战线会导致资金不足、能量分散等问题，为了提升生存概率，企业可以集中优势开发和经营某一区域的市场，努力成为区域市场内的第一名。这个时候，它就在该市场内享有绝对的竞争优势，而且具备成本控制的优势。

产品复制的销售模型

对于企业来说，新产品的开发往往会带来一定的成本消耗，这种开发成本中有很大一部分是固定的，比如研发费用。随着产品的不断生产和发行，产品的生产成本会相应地下降，边际制造成本会不断降低。正因为如此，企业如果想要增加利润，最好的方法就是借助一些杠杆，对产品进行复制，因为复制品的研发成本几乎为零。像直播带货就是非常典型产品复制模式，利用直播平台，企业可以在控制成本的前提下，对产品以及产品营销进行大量有效复制。

售后利润模型

随着竞争的加剧，企业从产品的销售上能够直接获得的利润越来越少，一些企业不得不低价甚至亏本出售产品，但产品价格降低并不意味着利润消失，这是因为利润发生了转移，从产品转移到售后服务上。企业想要获得更高的利润，就要在售后服务上挖掘利润，具体的业务包括产品的系统升级、功能解锁、长期的维修和保养等。

新产品利润模型

任何一家企业发展到一定程度时，都要面临利润萎缩的困局。这个时候，最直接的方式就是通过新产品的设计来创造新利润，只要不断推出具有卖点的新产品，就可以继续为企业的利润池蓄水。不过，考虑到企业的技术创新能力和市场的饱和度，新产品的研发并不会频繁持续进行下去。

除了以上几种常见的利润模型或者盈利模式之外，还包括低成本的企业设计、周期利润模型、价值链定位模型等，企业可以结合自身的实际情况选择合适的利润模型。

提升利润的一个要点就是保证充足的现金流

在谈到利润的时候，经常会谈到产品价格、成本、企业设计等概念，这些都是和利润息息相关的。除了这些概念之外，现金流也是一个需要重点关注的概念。现金流和利润不同，现金流反映的是收付实现制下已经实现的利润，而利润表中的利润更多的是权责发生制的结果，它会受到应收账款不确定性的影响。现金流和利润对企业的作用也不同，但两者之间存在较为紧密的联系。

现金流作为企业运作的血液，支撑着企业的一切活动。首先，充足的现金流意味着企业的经营比较出色，证明了企业能够将自己的优势转化成资金和收益。当企业拥有充足的现金流时，它们的运营往往更加顺畅，也有机会赢得更高的利润。从某种意义上来说，现金流就是衡量和反映企业内在价值的关键指标，现金流充足的企业，成长的空间也就越大。

其次，从抵御风险的能力上来说，充足的现金流可以帮助企业打造强大的应对危机的能力，使企业在遭遇经济困境时，有更多的资金用于周转和应急。清华大学朱武祥教授曾经对中国995家中小企业进行调查，结果显示：国内中小企业的现金流状况非常糟糕，其中，34%的企业账上的现金只能维持正常运营1个月，85.01%的企业的现金流最多只能维持3个月的运营，这些公司在几个月时间内随时都有可能遭遇资金链断裂的风险，只有极少数企业可以依靠现金流躲避类似的危机。就像2001年互联网寒冬到来时，只有少数现金流充足的互联网公司得以存活，并且在寒冬过后迅速成长和壮大。反之，那些现金流不足的企业，很容易在危机到来时遭遇资金链断裂。

比如，某公司每年能够做到3500万元的营业额，然后扣除各项成本和开支2700万元后，这家公司的净利润能够达到800万元。然而，由于客户一直都有欠款的习惯，导致每年都会有大量的外债无法及时收回，致使公司每年不得不贴大量资金来维持正常运营。在这里，企业账面上的利润是比较可观的，但是这样的利润对于企业的发展来说没有任何好处和价值，也无法推动企业不断扩大规模。随着时间的延长，这家公司面临越来越大的资金压力，最终会被大量欠款拖垮，更不必说继续扩大盈利了。

除了抵御风险之外，充足的现金流可以保证企业拥有更多的投资机会和强大的再投资能力。当市场环境生变，经济危机到来的时候，其他的企业可能会因为资金不足而破产，而现金流充足的企业就可以入场抄底，以较低的价格收购那些陷入困境的优质企业，它们完全可以通过这种投资方式打造新的利润增长点。

许多公司会在市场不景气或者经济危机到来的时候，等待抄底的机会。它们会不断搜寻机会，观察有哪些优秀的企业面临困境，有哪些潜力股遭遇到了危机，有哪些内在价值很高的企业被埋没掉了，只要发现了目标，就会趁着市场波动的时候入股、收购或者兼并。这些价值被严重低估或者股价快速下跌的优质标的，在未来会为收购者带来丰厚的回报。

还有一点很重要，充足的现金流往往意味着企业在产业链中占据更大的主动权。企业之间的大部分交易都是通过现金支付来完成的，很少有企业会利用应收账款完成交易。那些实力雄厚的企业会要求产业链中的合作伙伴同样以现金的形式完成交易，甚至可能会利用规模优势强制要求其他合作伙伴配合。考虑到产业竞争的形式，现金流充足的企业具备更大的竞争优势，并掌握更多的市场话语权，而这样的企业无疑拥有更多的机会以赢得高利润。

> 京东最近几年一直都在亏损，一般至少会亏掉几个亿，但这种低利润并没有导致京东一蹶不振，相反地，京东的股价一直呈现上升势头，投资者对它的发展信心十足，京东创始人刘强东也丝毫没有感受到任何压力。之所以会这样就是因为，京东的现金流非常充足，每个月的营业额都在800亿元以上。与此同时，京东在整个产业链中占据优势地位，它支付给供应商的货款可以设定为3个月一结、6个月一结，这种模式无疑让京东可以拥有更充足的现金流，确保京东无论在什么时候都可以拿出一大笔资金投资。正因为如此，京东可以毫不犹豫地花费几十亿买地盖物流中心，可以继续完善自己的采购渠道和运输渠道，并通过这些有效的投资实现利润的持续增长。

从某种意义上来说，现金流比利润更加重要，真实的利润代表企业的发展趋势，现金流则代表了企业当下运营的能力。没有现金流，单纯地谈利润没有多少意义，没有现金流的支撑，企业的利润也难以维系。尽管现金流的增加并不等同于利润的增加，但充足的现金流可以为利润的增加创造更多的机会，企业才有机会通过运营来获得更多利润。

章节须知：

利润管理是企业经营管理的重要工作

现代管理观念往往不再把利润最大化作为企业发展的目标，而是以企业价值最大化为发展目标，可是即便如此，也不代表企业的利润就不重要。相反地，从企业发展的角度来说，利润始终是企业发展的核心，毕竟只有企业最大限度地获得利润，企业的发展空间才会得到拓展，企业才能够在未来很长一段时间内保持增长趋势和竞争力。从社会角度来看，企业利润的增加无疑会导致社会财富的增加，并推动社会的继续发展。从这个角度来说，利润不仅是衡量企业发展状况的重要指标，也是反映企业对社会贡献大小的关键指标。

正是因为利润的重要性，使得绝大多数人对企业经营业绩进行考核和评价时，都会将考核的重点放在利润总额上。他们将利润当作考核的首选指标，并推动内部的利润管理。利润管理是企业对利润的形成、实现、分配进行计划、控制、考核和监督等工作的总称，推行利润管理的目的是增强企业的利润。

需要注意的是，除了企业之外，会计人员本身也有利润管理的需求和倾向。一般情况下，会计人员为了自身的利益所得，往往会选择站在企业的立场上管理相关的会计数据，在合法合规的前提下，帮助企业做出更"出色"的利润表。更何况，会计人员本身具备一定的自由度。所谓的会计准则也很灵活，企业拥有自主选择权，在这种情况下，会计对于企业的利润管理就拥有更大的技术处理空间。比如，会计可以帮助企业修改费用平摊的标准和方法，可以利用关联交易实现不同形式利益的转移，帮助业绩不佳的企业采取较为乐观的会计政策倾向，推迟处理坏账的时间，推迟固定资产清理业务等。

还有一点也很重要，在企业信息的掌控上，经营者通常比所有者掌握更多的信息，大股东也比小股东掌握更多高价值的信息。为了帮助企业更好地实现盈利，企业需要适度推进利润管理。

企业本身具备利润管理的需求和动机，从具体的内容来说，利润管理的工作主要包括：编制企业的利润计划，确定企业发展的目标利润；实行责任制；分解并落实各部门、各岗位的利润指标，在企业内部实行分口、分级管理的制度；制定增产和削减成本的相关措施，确保企业的支出不会超纲；进行内部资源整合，对实现的利润进行合理分配，对发生的亏损进行合理的弥补。

那么，企业应该如何进行利润管理呢？在管理学中，很多企业会选择通过构建一个"利润平面管理模式"来解决问题，尤其对那些需要协调横跨多个职能部门的业务流程而言，这种方法非常实用。

为了构建利润平面管理模式，需要把握三个关键要素。

首先，企业要构建一个合理的利润地图。构建利润地图的目的是了解哪些业务板块能够带来不错的收益，哪些业务板块会带来巨大的亏损。通常情况下，企业需要对客户、产品和订单的利润率进行分析，整个分析工作不需要刻意追求精度，不必花费大量时间和精力建立一个基于业务活动的成本系统。

其次，企业需要利用好利润杠杆。利润杠杆是指企业生产产品、服务，并以此来吸引客户购买和使用企业产品、服务的一系列业务活动。简单来说，以更小的成本获取更大的利润，这就是所谓的利润杠杆。利润杠杆是企业投入的一个组成部分，可以帮助企业获得更多优质的客户，拓展盈利空间，具体表现为：通过成本控制以及提升工作效率来节约成本，通过合理的管理与高效的物流提升资本周转率，通过产品标准化、成本控制、缩短交货时间来提升企业竞争力。

最后，企业要设置合理的利润管理流程，具体是指对各种利润增长机会或者方式进行优先排序，观察哪些操作方法最有利于利润增长。与此同时，对各个部门进行协调安排，找出那些表现最出色的部门带头，让那些率先完成利润指标的部门，以更加合理高效的方式配合其他部门完成利润指标，从而实现利润的共同增长。只要按照合理的流程运作，企业的利润管理水平就会得到提升。

需要注意的是，利润管理是在法律允许的范围内进行的，它受到法律制度的保护，能够体现出法律制度对企业相关利益主体不同利益需求的认可和尊重。利润管理要适度，这样才能推动企业更好地成长，过度管理则会导致会计信息的失真，影响企业的经营决策。

第二章
提升工作效率,增加企业效益

效率边界是指企业在权衡市场交易成本与企业内部管理成本的基础上，所确定的一个最佳组织边界，它是企业在既定资源、技术、企业文化、市场环境等条件下，能够实现的最大产出或者能够实现的最优效率。把握效率边界是减少成本和消耗的一个重要方式，也是提升效率的关键。每个企业都要在内部化生产与市场交易中找到一个完美的平衡，确保自己可以用更低的成本创造更大的收益。

合理运用杠杆，实现利润倍增

企业应该如何获取更多的利润呢？有的人认为只要企业具备核心竞争力，就可以赢得更大的竞争优势和更多的盈利机会。比如，当企业具备定价权的时候，企业就可以更好地控制销售收入和利润；品牌力强的话，企业就可以有效占领客户心智，吸引客户支付更高的产品价格；当产品设计遥遥领先于竞品时，企业就能够吸引更多的客户，并将产品价格提得更高一些。

但是，找到了核心价值，并不等同于企业掌握了财富密码，想要将价值转化成更高的利润和收益，就需要找到提升价值输出的方式，只有大量输出核心价值，才能让社会、市场、客户、投资者认识到这种价值的力量和蕴藏的财富能量，从而进行有效的资本转化。而想要实现核心价值的成倍输出，其中一个重要的策略就是合理利用杠杆。

杠杆的类型丰富多样，对于企业来说，常用的杠杆包括资本杠杆、数字化杠杆、知识产权化杠杆、人才杠杆。

资本杠杆主要是强调借贷的价值。企业可以通过借贷来实现资金的增加，从而通过扩大生产规模的方式实现利润的提升。比如，一家公司看中了某个高价值、高回报的项目，但是它没有太多的资金来运作，这个时候就可以直接选择从银行贷款，或者进行对外融资。假设借贷的1000万元资金只需要支付5%的利息，而回报却达到了30%，那么这个时候资本杠杆就发挥了重大作用。

对企业来说，资本杠杆是一个非常实用的杠杆模式，但它往往具备一定的风险，企业必须确保自己的投资回报高于自己支付的借贷利息，否则就会面临亏损。更重要的是，一旦项目不挣钱，导致企业资金链断裂，这个时候就要面临更高的利息，而这可能会直接摧毁整个企业。

数字化杠杆更多是指互联网平台的线上服务，重点是利用互联网平台高效的宣传方式和复制能力，确保企业价值最大化。比如，现在最流行的直播带货，就是一种非常高效的数字化杠杆营销模式，主播只要在直播间进行宣传，就可以同时面对几千、几万甚至几十万的粉丝和客户，从而用更低的成本创造更大的收益。更重要的是，随着直播间人数的增加，带货的收益也会不断增加，成本基本不会增加。同样，以打广告为例，人们只需要将创作的内容，放到相应的平台上进行传播，那么就能够实现成本的控制，因为企业只需要支付一笔广告费用，就可以在平台广告合约约定的时间内反复播放广告。也就是说在支付广告费用之后，播放1次广告的成本和播放100次的成本是一样的，后续的播放和宣传并没有产生更多的成本，但是可以带来更大的销量。

随着互联网技术、人工智能技术的快速发展，数字化杠杆将会在企业发展过程中扮演越来越重要的角色。数字化杠杆可以帮助企业完成平台化、生态化的构建，甚至推动企业实现商业模式的升级。

知识产权化杠杆简单来说就是借助知识产权来创造更大的利润。对于企业来说，通过研发来获得更多的知识产权，可以有效提升企业的利润，这主要包括三个方面：第一，当企业拥有更多知识产权的时候，直接将其转化成为生产力，然后通过新技术、新模式带动企业的发展，促进利润的提升；第二，企业直接将知识产权转化成为资本，即向其他企业收取专利使用费，当其他企业想要利用相关的知识和技术时，必须支付一大笔费用；第三，企业拥有的知识产权越多，证明企业的实力越强大，这有助于它吸引更多的投资者和合作商。

国内某科技公司每年都有超过上千件专利问世，这些专利技术不仅极大地提升了公司的生产效率，创造了巨额的收益，还成功吸引了大量外国企业前来合作。据统计，仅仅依靠知识产权的授权，这家公司每年的收益就突破数十亿美元，再加上与其他企业的合作，公司更是成功把握住大量的商机。相比于百亿美元级别的研发投入，公司获得的收益更是成倍增加。

人才杠杆是指企业利用人才创造价值和财富的模式。在知识经济时代，人才是一切价值和利润的来源，人才可以帮助企业为客户创造价值、传递价值、分配服务价值，然后以此推动企业发展来获得更多的利润。对人才的投资和利用往往可以带来更大的收益，因此企业需要积极招揽人才、培养人才，同时给予人才更丰厚的薪酬和奖励，以此来激发人才的创造力。

某企业打算聘请一位设计师，负责应聘工作的主管看中了一位海归博士，这个博士还有在跨国公司从事设计工作的履历，是非常理想的对象。可是，当负责人向上级提交自己的应聘计划方案时，却遭到了董事会成员的一致反对。原来这个博士的薪资要求太高，几乎比市面上同类型的高级设计师的工资要高出两倍，这显然是公司无法容忍的。负责人极力劝说董事长，他认为对方是市场上少有的创造型人才，设计风格独树一帜，对于公司产品的设计和品牌的打造会带来很大的帮助，而且这些都是没有办法用钱来衡量的。如果公司不立即签下对方，就有可能被竞争对手捷足先登，这对公司未来的发展很不利。董事长被说服了，他促使该人才引进方案在董事会通过。一年之后，海归博士负责设计的首款产品面世，受到了消费者的广泛好评，公司依靠这款产品获得了超过20亿元的收入，公司的股价也因此上涨了27%，公司和股东赚得盆满钵满。

企业可以针对自己的业务情况、经营模式、核心价值、市场影响力、资源占有情况来寻找适合自己的杠杆，实现利润的倍增。需要注意的是，企业在借助杠杆的时候，既要坚持适用原则，也要坚持适度原则。过度使用杠杆，有时候反而会弄巧成拙，比如过度借贷，会给企业增加大量成本，也容易增加破产的风险。过度使用人才杠杆，会导致人才被大量浪费，也会对企业内部的人力资源配置造成破坏，影响团队的协作效果。总之，企业应该按需使用杠杆，拒绝透支。

强化人才管理,提升员工工作效率

对于企业来说,人才就意味着竞争力,意味着市场价值,也意味着利润,因为企业的发展是人才推动的。企业所有的收益和财富都要依靠人才去创造,没有人才,企业的发展就会陷入僵局。正因为如此,人才管理是企业管理的核心,也是企业打造利润体系一个不可或缺的环节。企业想要获得更高的利润,就要强化人才管理,提升人才的工作效率,让他们在工作中创造出更多的价值和利润。

想要提升人才的工作效率,主要可以从两个方面入手:第一个是客观上的能力提升;第二个是主观上的工作态度改善。客观上的能力提升主要包括生产技术、设备的升级、员工能力的培训,以及资源的合理配置所带来的工作效率的提升。员工可以在单位时间内利用新的技术技能来完成工作,确保员工可以在更短的时间内,利用更少的成本实现价值的提升。

主观上的工作态度改善,主要强调工作的积极性和专注度,这种态度改善往往和企业的激励措施有关,通过各种卓有成效的激励,员工会展示出更强大的工作积极性和忠诚度。激励措施包括各种薪酬激励、股权激励、工作认同、提供实现自我价值的平台等,目的是满足员工的精神需求。

从以上两个方面出发,企业可以制定更为合理高效的人才管理方案,推动员工发挥出更大的工作能量。

首先，企业要优化内部人力资源配置，实现优势互补。所谓的人力资源配置就是让每一个人出现在合适的岗位上，这里涉及个人专业、能力与岗位的配置，涉及不同能力的员工之间的配合与相应的流程设计，也涉及授权与分权的机制。

在推动人力资源配置，实现人职匹配时，需要按照知岗、知人、匹配三个步骤进行。

1.企业要从工作本身出发，对相关工作进行认真分析，细化工作本身的职责，使其变成工作核心要项，并以此来确定岗位的任职能力。在这个过程中，企业的管理者需要从岗位名称、岗位工作、岗位职责、岗位关系、工作环境，以及应对岗位工作所需的知识、技能、经验、体力等必备条件，弄清楚哪一类人更适合这个岗位。

2.企业要从人的角度进行分析，具体来说，就是利用履历分析、纸笔面谈、心理测验、情节模拟和评价中心技术等手段，多层次、全方位地对现有员工所具有的不同知识、技能、经验和素质等特性进行了解，然后分别从动机、性格、技能等维度对员工进行考量，对所有人进行合理划分，并做好归类。这一过程主要是为了构建胜任素质模型，管理者在知道相关岗位的要求和特点后，以此来发现员工相关的素质；然后进行建模、定标；最后判断员工是否能胜任该项工作。

3.最后一步是匹配，人职匹配的核心就是"物尽其用，人尽其才"，最大程度地发挥人力资本的价值，确保不同特点和专长的员工可以在合适的岗位上创造价值。

其次，企业要做好内部的人才培训工作，包括培养新技能、更强的自我调节能力和控制能力、更出色的团队意识，以及如何服从指令和遵守规则。人才培训的目的是让员工变得更强，从能力到心态上都更加成熟可靠，确保他们能够在企业规定和允许的范畴内创造更大的价值和财富。

想要做好人才培训，就要想办法打造一套完整的人才培训体系，包括人才培训基地的创建、人才培训课程的设置、人才培训老师的安排、人才培训的绩效考核等。只有全方位推进人才培训工作，才能真正挖掘和培养高价值人才。

最后，企业要注意完善内部的考核机制，打造高效的绩效考核机制与薪酬管理机制，刺激员工拿出更好的工作状态。比如，2023年12月27日，京东宣布从2024年1月1日起，给一线业务员加工资，增加幅度达到了100%。一线业务员就是采购员，他们决定了京东进货产品的质量和成本，决定了产品的价格和利润，京东希望通过薪酬激励的方式来提高他们工作积极性和效率。

一般来说，绩效考核要公平、严谨、严格，确保每一个员工的工作状态和能力都可以真实反映出来。薪酬管理机制则要与绩效考核紧密相连，薪酬管理的方式要丰富多样，尽可能契合绩效考核的需求。

比如，管理者可以使用增量奖励法来激励员工，增量激励法主要是基本工资+业绩奖励+红利分配的方式，这种激励方法注重公平，但力度并不算大。企业也可以使用定量减扣法，简单来说就是支付员工固定的工资，然后给员工设定一个较高的目标，一旦员工不能完成这个目标，就会按照相应的比例减薪。这类激励方式往往注重负激励，很容易引发员工的不满。还有一种是存量增值法，具体来说就是设立多个考核指标，然后将员工工资中的80%的薪水与这些指标考核挂钩，每一个指标对应一部分薪水，只要达标的话，员工就可以获得相对应的奖励；如果不能达标，那么与之对应的薪酬比例就会被扣除。很多企业在年终考核时，会设置产值工资和管理工资，这两个分类中会设置各项考核指标，产值工资中可以分为人均产量、交付延误、内返率等指标，管理指标则分为外返率、客户投诉、培训课时等指标，每一个指标对应着薪酬比例，如果某项指标不达标，那么就会扣除相应比例的薪酬。

  需要注意的是，企业要积极为员工创造良好的工作环境，包括打造舒适和谐的工作空间、给予员工更大的自主权和自由发挥的余地、为员工的工作提供各种便利，并对员工给予更多的关注和关心。打造良好的工作环境是为了创造一个更适合工作的氛围，确保员工身心上都可以保持放松，能够全身心投入到工作当中去。

简化工作流程，删除不必要的环节

在企业管理中，业务管理层通常都喜欢复杂，他们会千方百计将事情变得更加复杂，会不断设置更复杂的管理体系和运行模式。从心理学的角度来说，复杂化能够刺激人的大脑，带来智力上的挑战，从而满足人们挑战高难度的心理需求。正因为如此，产品功能会越来越多，管理机构会越来越臃肿，流程也会越来越复杂，即便是一些依靠人工智能和无人化操作就能完成的任务，最终也会生成更为复杂的流程。

流程设计本身就是为了应对复杂的工作？或许有不少管理者会存在这种想法，比如管理者有时候会觉得：只有更多的人参与到相关的工作项目中，整个工作的各个细节才能受到关注，才不会出现遗漏的情况，也不会出现盲目行动的现象，人们似乎也不容易犯错，因为下一个环节中总会存在制约因素。

严格来说，流程的设计本身就是为了达成一个协议。这个协议有效替代了人与人之间的大量沟通，人们不再需要像过去一样，告诉别人应该做什么，应该怎么做，也不用听别人说应该做什么，应该怎么做。流程的固化会让项目的所有参与者明确自己现在需要做什么，下一步应该做什么，一切都是提前设计好的。而为了避免工作不会出现差错，为了避免这个协议不会产生什么遗漏，企业只能不断完善和细化流程，只能让更多的人参与到流程中，最终造成流程越来越复杂的局面。

企业总是给流程设计做加法，而不是减法，这恰恰是企业面临的困境。在企业的经营管理中，一个最基本的流程就是自上而下的指令下达，以及自下而上的信息反馈。比如，企业制定市场开发的总目标后，会将目标分解成部门目标；各部门则负责将这个目标转化成各项工作任务，以及相应的指标和要求；执行者则按照上级领导发布的指令行事，并将执行结果以及工作中存在的问题向上反馈；公司高层在了解执行者反馈的内容后，会进行分析，对相关局势和工作情况作出判断，给予新的指示。无论是目标的分解和指令的下达，还是信息的向上反馈，都是为了确保所有的工作不会出现纰漏。为此，企业会不断增加更多的人员，不断增加和细化相关的环节，似乎只有让更多的人来监督和管理相关的环节，告知下一个环节的人应该怎么做，企业才能真正将事情做好。

然而，问题恰恰出现在这里，大量增加参与者，增加各个环节，会带来更大的成本消耗。原本一个人审批的工作，需要3个人进行审批，原本一天就可以做完的工作，非要延长到3天来完成，原本2个步骤的工作，要延伸为5个步骤……这些都会直接造成成本的增加。

此外，机构太多，流程过于臃肿，会导致信息反馈的滞后，并且很容易引发内部的腐败，而流程的增加又会让整个机构的运转变得更加复杂，导致企业的市场感知能力不断下降，并丧失应有的灵活性和应变能力。这样的企业是没有办法感知到商机，或者即便挖掘到商机也难以第一时间做出有效的战略部署，制定合理高效的行动方针。

假设A公司的一线员工在第一时间感知到行业的变化，他们需要及时将这种变化反馈给高层。如果公司内部的流程非常烦琐，那么等到信息层层上传，然后等待公司做出最终的决策和指令，时机已然丧失，A公司将会错失很多好机会。

如果A公司内部的工作流程简单高效，整个机构呈现扁平化的形态，高层与一线员工之间设计一条专线，一线员工可以通过这条专线，直接告知市场的现状，并等待高层的指示。那么，A公司便不会白白丧失很多大好机会。或者，公司从一开始就下放权限，设置让一线员工自己做出决定的流程安排，那么公司的工作效率就会变得更高，其市场反应力也会大幅度提升，从而更快速地了解市场上发生了什么，并把握住商机。

不仅如此，如果A公司打造了扁平化的职能体系，撤销了更多中间阶层的职能部门，甚至由总部统一管理，这样就能够提升公司内部信息沟通的效率，员工也会将更多的精力放在服务客户的需求上，而不用花费大量时间和精力用来应对管理层，从而有效避免员工被复杂的、臃肿的机构剥夺为客户增值的责任心和主动权。

简化流程是降低成本消耗、提升工作效率的关键。对企业而言，并不是所有的流程都可以做到简单高效，但尽可能简化流程是企业保持竞争力和盈利能力的基本要求，企业需要找到一种让自己保持高效、保持严谨的状态。

一般来说，想要简化流程，那么首先就要将业务作业过程按时间顺序排列，绘制成一个较为详细的业务流程图。在这个过程中，相关人员应该标记业务作业过程中相互关联的输入和输出，并指出彼此之间的关联。

其次，相关人员需要从客户的视角对现有流程进行流程增值分析，绘制流程增值分析图，特别标记出不增值或者增值小且时间长的过程段。增值过程包括数据的输入和增加、产品的加工和改变、相关业务的统计和分析，而不增值的过程包括业务检查、信息传递、内容审批、资料存储。

最后一步就是发现问题，解决问题，它包括两个方面的工作：流程作业和信息处理的改进。流程作业问题一般是指流程的合并与废止，那些多场景作业、多地往返以及长时间顺序等待的业务可以进行合并，这样就可以简化流程，缩短运作的时间，减轻资源的浪费。那些重复作业、不增值作业、客户不需要的作业，根本不能产生什么价值和利润，完全可以及时废止，从而有效简化流程，减少不必要的开支。至于信息处理问题的改进则包含了三个方面的内容：①对不规范以及不同形式的信息进行标准化处理；②对错误信息以及不完整信息进行改进，提高信息的精度；③对无价值的信息进行废除。

具体来说，企业可以通过简化表格（保证数据信息一目了然）、简化语言（说有价值的话，注意说话的逻辑，不要随意使用文件没有定义的缩写词）、简化程序（过于专业和复杂的程序要简化）的方式来实现流程的简化。

构建内部的信息共享机制,提升合作效率

企业提升效益和利润的一种有效方式就是强化内部的合作,这种合作首先源于内部建立的合作机制与流程设计,只有拥有好的合作制度与流程设计,才能够推动内部的合作达到一个更高的水平。但合作本身依赖于信息的疏导、传播,对于企业来说,员工与员工之间、部门与部门之间,上下级之间、平级之间所有的合作都是建立在相互沟通的基础上的,而强化沟通的基本模式就是建立内部的信息共享机制,员工可以通过信息共享来获取工作中所需要的信息,同时迎合别人的工作需求。

某公司的市场部负责人正在外面出差,结果一位重要客户突然到访公司,这个时候负责人立即将这一信息发到公司,他只需要将客户的基本信息输入公司内部的信息共享平台上,那么很快就有人替他完成接待工作。

某公司生产部的技术员正在调制和修理机器设备,结果由于缺少一个关键零件,导致机器无法恢复正常运转,而这样的零件即便是国外厂家也没有,公司只能将设备中损坏的那一部分拆下来寄回到厂家更换。这样一来,可能需要花费数月时间。技术员将问题反馈到内部的信息平台寻求帮助,市场部的一位员工说,他认识一个

客户就是制造类似机器设备的，或许存在可以替代的零件。很快，市场部的员工就联系到了客户，找到了一个替代性的零件，解了燃眉之急。

一家公司正在研发新产品，为了更好地把控研发方向，他们就将研发的一些基本思路告知市场部，然后市场部会针对性地进行市场调研，并且将自己掌握的相关信息反馈到研发部。这样一来，研发部就可以利用市场信息了解客户的需求和期待，打造迎合市场需求的产品。与此同时，研发部也会与市场部进行交流，强调产品的性能、卖点，帮助市场部制定更加合理的营销模式。

在构建更加高效的企业运作体系时，信息共享是不可或缺的一部分，企业管理者经常会强调资源的合理配置，会强调内部的合理调控，这一切都离不开信息共享机制。信息共享能够提高信息资源利用效率，避免重复建设带来的资源浪费，节约信息资源的开发和利用成本；信息共享能够增强信息资源整合能力，让不同机构或个人之间的信息顺利整合，为企业发展提供助力；信息共享可以打破信息孤岛，促进信息资源开放和创新，企业内部的共享、交流，能够推动创新思维的发展；信息共享可以促进资源共享和可持续发展，为企业的高效发展创造条件。

一般来说，企业可以搭建一个信息共享平台，如建立内部知识管理系统或者统一的知识门户，确保信息的集中存储和处理，方便信息的快速检索和实时更新，像云服务和大数据资料库就是非常常见的信息共享平台。也有一些企业会构建内部的信息网，用于日常交流与信息检索。企业可以在内部推行一些办公协同软件，实现部门内部以及跨部门的数据整合与数据共享。

为了保证信息共享的效率和成果，企业应该制定合理的信息共享政策和规则，包括：

平台的使用权限——依据员工的职务、角色来设定不同层级的信息访问权限。

信息共享的目的——及时了解业务数据、市场动态、研发成果。

信息的使用和保密制度——登录信息平台时，员工应该进行身份验证，并设定相应的授权机制，并确保信息不会外传。

信息的格式与标准——设定统一的格式与标准，保障不同部门之间的数据兼容和对接，减少信息交互过程中的转化成本和错误。

信息的分类与整合——将不同类别的信息进行分类、归档和存储，这样就可以提升信息检索的效率。

平台的管理——主要是维护平台日常的使用，对相应的设备、软件进行维修、升级，保证平台的正常运行，同时对一些不合理、不合法、不合规的行为进行制止，确保信息交流的安全性、合法合规性、可控性。

信息共享机制的评估——企业需要定期发动内部调研，对信息共享的相关机制进行评估，了解信息共享机制的效果，看看大家对这一机制的真实看法和反馈意见，然后根据实际情况做出合理的调整、优化。

需要注意的是，不同的企业具有不同的发展情况，以及不同的发展需求，企业要构建适合自身发展、体现自身发展特色的信息共享机制，而且信息共享模式可以划分为不同的等级：公司级别的共享平台主要适合全体成员的日常交流和信息传输，以及一些需要全员参与的项目沟通；部门级别的共享机制则侧重于部门内部成员之间的交流，这个级别的信息共享平台主要是用于部门内部的日常工作交流，而且要确保内部交流不妨碍企业中的其他人；小团队级别的共享机制适用于某一特定执行团队，目的是保密，通常是某个管理团队，或者项目执行团队，他们相互协作的同时，需要做好信息的保密工作。从工作的角度出发，企业可以同时构建这几种信息共享机制，满足不同场景下的工作需求，保证工作效率的最大化。

运用模块化思维来经营管理企业

造船的人都知道,要完成一艘巨轮的建造,并不是要求成千上万的员工一起去造船厂同时动工,而是先学会拆分。具体来说,就是先把整条船分割成各个小单元,当小单元的工作完成之后,就可以组装成为一个大单元。这里所强调的单元通常是按照部件的拆分来进行的,有人负责制造主机(柴油机、汽油机、蒸汽机),有人负责制造船舱,有人负责制造甲板,有人负责制造船壳的空心体,有人负责制造主锅炉,有人负责制造传动装置,有人负责制造轴系、推进器、各种仪表和辅助设备……造船厂只需要按照特定的设计,将所有的单元组合在一起就行。

如果进一步细分的话,每一个小单元还可以拆分为更小的单元,比如柴油机就可以分解为机体、电器系统、燃油系统、冷却系统、润滑系统、曲柄连杆机构、配气机构等部件,每一个部件都有专人负责生产。

船只的制造就是一种典型的模块化制造模式,船厂会将船只分解成更小的模块,然后让各个模块自成体系,独立完成工作。等到所有的模块完成既定任务后,只需要将所有模块重新组装就行,从而轻松实现大目标。模块化设计就是把整个项目和任务划分成多个相互联系但独立运营的模块,其中的每个模块都能完成一个子功能,最后只需要把这些模块集合起来构成一个整体即可。

对于企业来说，这种模块化的经营管理方式同样适用，尤其是当企业规模越来越大时，管理的复杂程度也会成倍递增，这会带来一系列的问题，包括管理效率低下、管理混乱、内部腐败、各部门相互制约、管理成本大等问题。而运用模块化思维来管理企业，将相关的业务分解成各个更容易操作的模块，就可以极大地节约成本，还能够把不确定的、复杂的工作分解，降低解决问题的难度，提高工作效率。

比如，汽车研发和生产一直都是非常复杂的项目，生产难度大，研发成本高，为了解决这个问题，一些汽车公司开始打造模块化平台，简单来说就是打造一个基础的框架和平台，然后将汽车的各项功能进行拆解，形成各种各样的模块。这样一来，企业就可以随时随地研发和生产不同类型的汽车，只要将各种汽车零部件、各项功能产品进行合理组装，就像搭积木一样，按照不同的搭配方法，能够生产不同车型的汽车。

像大众集团就打造了MQB（横置发动机模块化平台），奔驰则有MFA（奔驰前轮驱动架构），丰田公司更是推出了TNGA（丰田新全球架构），它不仅仅是模块化平台，更是一种模块化架构，这种架构具备更大的便利性和更高的生产效率。很多汽车公司只能生产单一车型的底盘，想要研发其他型号的底盘就需要投入更多的资金，而TNGA拥有三种底盘系统，完全可以满足绝大部分丰田汽车的底盘生产和使用需求，真正实现跨级别车型的生产，以及横跨不同类型车型的设计、研发、生产，这样就可以节约大量的研发资金，同时还能够有效提升汽车研发和生产的效率。

企业的模块化设计是一种高效的系统设计，也是一种非常实用的管理模式，它可以将内部各项业务、流程、产品、服务当成可以组合、可以替换的模块，通过标准化、通用化的方式，确保企业内部架构的灵活性与可拓展性。除了产品研发、生产和组装之外，企业还可以对组织架构进行模块化设计，每一个部门或者团队被当作特定的模块，所有的模块可以根据公司的战略调整以及市场需求及时进行重组，提升公司的应变能力。比如，在强化内部管理的时候，管理者没有必要同时管理所有的工作，而是针对不同的工作、不同的业务范围划分成具体的模块，有人负责物资管理，有人负责生产管理，有人负责质量管理，有人负责企业文化管理，有人负责财务管理，有人负责人事管理……只要企业将所有的管理内容进行模块化处理，就可以尽可能地减少各项工作相互牵绊的情况，而每个人都有自己规定的工作，自然不容易出现相互扯皮、相互消耗的情况，不会出现重复工作的现象，这些有助于减少企业的成本消耗。

模块化设计还会运用到业务流程管理当中，企业可以针对业务和流程的具体实施情况进行合理划分，将流程分成若干相对独立、相互配合的模块。流程上的模块只负责固定的工作，每个模块内拥有独立的工作系统，并且所有的模块要设置一个标准接口，确保彼此之间的信息交换。当所有的模块做好分内的工作之后，企业要将所有模块的工作整合在一起。在业务管理中，还可以依据不同的业务需求划分出不同功能的模块，每一个功能模块只需要发挥自己的功能即可。

无论是哪一种模块化设计，其核心都是将相关业务拆分成独立运作的系统，通过合理的切割和组合，实现对复杂的系统进行合理优化以及有效管理，提升企业的反应能力与市场适应能力，并显著提升效率和降低成本。

> **章节须知：**

企业的效率边界与资源的最优化配置

诺贝尔经济学奖获得者奥利弗·E. 威廉姆森提出了"威廉姆森效率边界"的概念，他认为企业在决定自身规模，在确定何时进行市场交易以及何时进行内部化生产时，会寻求在契约安排的效率边界上运作。效率边界是指企业在权衡市场交易成本与企业内部管理成本的基础上，所确定的一个最佳组织边界，或者说所确定的一个最佳经营范围。也可以说，它是企业在既定资源、技术、企业文化、市场环境等条件下，能够实现的最大产出或者能够实现的最优效率。

按照威廉姆森的看法，企业与市场都是资源配置的组织，这两种不同的配置机制可以相互替代，并且在相互替代中决定了企业的边界。当企业内部的管理成本低于市场交易的费用时，意味着企业的规模可以继续扩大，经济活动倾向于内部化；反过来说，企业要倾向于从市场上购买产品。

在这里，可以举一个通俗的例子：假设一家公司的老板为了留住员工，决定尽快解决他们的住宿问题。而摆在他面前的有两个选择，第一个选择就是在自己厂房的空地上建造房子（内部生产），然后将房子以低价卖给员工；第二个选择就是亲自找房子，并出钱补贴员工的房租（市场交易），每个月都要支付一大笔租金。这个时候，老板就要计算一下自己建造房子与补贴房租的费用，看看哪一个更划算。在计算的过程中，除了基本的工程投资之外，老板要明确内部生产所需的额外的管理成本，包括监督质量的费用、管理施工队的费用，也要明确外部市场交易产生的额外成本，包括寻找合作伙伴、签订合同、监督执行。当老板意识到自己建造宿舍楼的成本更低时，就可以选择自己做；当自己盖楼的成本明显高于从外部租房所花费的资金时，公司应该选择租房。

一般来说，企业的技术水平、资源配置、管理效能、员工素质、流程设计、供应链协同、市场响应速度等因素都会影响企业效率边界，在决定是否应该内部化生产，还是强调市场交易时，企业要依据自身的实际情况和水平来做出合理的选择。比如，在通常情况下，设计核心业务或者关键项目的产品，企业更加倾向于自己研发和生产，这样做的原因有两个：第一，企业需要掌握核心技术，这是企业赖以生存的基础，核心技术的缺失很容易导致企业受制于人，影响企业的竞争力和生存能力；第二，核心技术的价格非常贵，企业需要每年支付大量购买资金，这会造成很大的成本负担。至于一些非核心业务，则倾向于外包，通过市场交易来获得自己所需的产品。

比如，在智能手机领域，芯片是整个智能手机中最具科技价值的产品，也是价值占比最高的产品。如果企业无法自己研发、制造芯片，将会被其他芯片制造商卡脖子，而且会花费大量资金购买技术不断更迭的芯片，这是一笔惊人的开支。如果一家企业看得足够远，且具备一定的技术实力，它们就不会容许在关键技术上受制于人，不允许自己承担信息不对称带来的购买风险，以及市场交易中的被动局面所带来的高成本。它们往往会坚定地选择自己投入大量资金研发的芯片和系统，这个时候，这些企业的效率边界就倾向于扩大。

同样是智能手机，企业为了保持更低的成本和消耗，会将手机屏幕、手机电池这一类产品外包给其他公司去做，因为这些东西并不是核心业务，也无法产生太大的价值和回报。自己研发生产的话，要专门铺设生产线，要专门购买相应的原材料，并招聘相关的人才，还要承担其他管理费用和风险，这样算下来的成本明显比市场交易更高，因此还不如直接选择从外部购买。

对于企业来说，所谓的效率边界就是内外部成本之间的权衡。企业需要找出一个最划算的位置，看看这件事是自己做划算一些，还是外包给其他公司做划算一些；看看是动用自己的资源解决问题好一些，还是通过从其他企业购买资源来解决问题更好。为了确保实现资源配置的最优，企业需要做出最合理的抉择，而做出最优抉择的关键在于企业需要进行内外部的成本核算。企业需要制定详细的、科学的核算机制：要列出每一项开支，确保没有项目被遗漏；要提供合理的核算方法，确保成本核算的精确性。除此之外，成本的核算与比对，也要考虑相关方案对企业未来发展带来的影响。

总之，把握效率边界是减少成本和消耗的一个重要方式，也是提升效率的关键。每个企业都要在内部化生产与市场交易中找到一个完美的平衡，确保自己可以用更低的成本创造更大的收益。

第三章
积极关注市场，挖掘更多的利润

如今的社会信息和市场瞬息万变,企业设计周期大幅缩短。不过,不论市场如何变化,市场上永远都存在利润,只要企业还在发展,只要行业内部还存在交易,那么利润就会出现。企业想要真正发现和把握新的利润区,就要回归市场,立足市场,从市场中寻找机会,确保第一时间进入利润区。

坚持以客户需求为中心，寻找利润区

美国知名咨询顾问亚德里安·斯莱沃斯基在《发现利润区》一书中这样说道："在旧的经济秩序下，你需要的大多数信息来自公司内部和行业内部。今天，你需要的重要信息来自公司外部，即公司的客户和竞争性市场的边缘；来自行业外部——已经由别人做出的伟大的企业设计，可以用来解决我们自己面对的问题。

"不幸的是，近来的一项调查显示，高层管理人员把70%的时间花在'内部'，剩下的30%的时间分配给'外部'，包括供应商、证券分析家、记者、慈善机构、其他公司的董事会以及客户。在旧经济秩序下，这样的分配格局是有意义的。但在价值转移的条件下，这种分配是不妥的。

"随着价值从旧的企业模式转移到新的更加关注客户的企业设计，你必须改变这个时间分配比例，应当把更多的时间用于'外部'，用于客户。"

随着市场经济的发展，随着价值的转移，卖方市场转化成为买方市场。企业需要构建以市场为导向的发展理念，企业的经营管理必须围绕着客户和市场来展开，因为客户需求已成为企业发展的核心。

需要强调的一点是：企业在不同的发展阶段，面临的问题不同，企业发展的状态也不相同，因此整体的发展设计也存在不同。很多企业在发展初期，通常会强调以产品为中心的发展理念，企业的所有设计都围绕着产品打造来进行。这是因为处于这一阶段的企业生存能力并不强，在市场上的影响力非常有限，企业想要站稳脚跟并不断拓展市场，最直接有效的方式就是打造更加出色的产品，通过产品来提升生存的机会。

随着企业的不断发展和壮大，企业的发展理念也要相应地发生变化，但很多企业家以及管理人员仍旧停留在以市场和产品为中心的观念之中。他们仍旧会习惯性地忽视客户的需求，坚持自己研发生产什么产品，市场就需要和接受什么样的产品，这样会导致企业不断偏离市场，偏离利润区。企业在成长和发展的过程中，本身就会发生重心偏移和转移的现象，在不同的发展阶段，企业的发展重心是不同的，规模越大的企业越容易远离客户，因为这类企业会将大量精力和资源消耗在内部的资源整合以及部门墙的阻碍中。当企业与客户之间的距离被不断拉大时，企业的生产和营销就会脱离客户，产品和服务会脱离市场，导致企业的发展陷入困局。

优秀的企业会在发展过程中逐步确立"以客户为中心"的发展理念。"以客户为中心"是一种价值链逆转思维，企业需要将客户变成价值链的第一环节。在传统的价值链中，企业往往从自身固有的资源与能力出发，设计出相关产品，然后借助销售渠道，将产品推向用户端。在这个价值链中，企业的经营思路很简单，那就是"我有什么就卖什么"，然后"客户就买什么"。而新的价值链则立足市场，从客户需求出发，了解客户的想法和需求，设计出客户所需要、所期待的产品，设计出符合客户希望的销售渠道，然后针对自身的资源进行合理配置，构建自己的营销体系。在新的价值链中，企业需要了解客户的需求与偏好是什么，弄清楚哪些渠道可以满足这些需求和偏好，以及有哪些产品和服务最适合这些渠道。此外，企业要明确提供相应的产品和服务具体需要进行哪些投入，包括投入多少资金、安排什么样的人才、购买何种原材料，接下来则要明确购买原材料所需的资产以及核心竞争力。

最后，在坚持以客户为中心的理念时，企业还应该以发展的眼光看待问题。由于客户需求会不断变化，利润区也会因此不断转移，这个时候，企业的设计需要不断迭代，需要不断创新和提升，确保能够跟上客户的脚步。

在迎合客户方面，互联网公司做得非常出色。在过去20年时间，互联网公司的发展非常迅猛，主要原因就在于互联网公司的生产系统与客户支撑系统高度整合，互联网产品可以将客户需求和偏好直接沉淀到企业内部，企业会通过专业化、系统化的分析，挖掘出新的高利润区。比如，很多互联网公司会利用搜索引擎和大数据来了解客户的需求、喜好以及习惯，搜集客户的消费信息，从而更精准地了解客户需要什么、想要什么，有什么期待。

不仅如此，为了解决客户所担心的支付问题、资金管理问题、产品质量问题、运输风险问题，互联网公司相继推出了七天无条件退货、仅退款服务，还强化了物流运输，对于运输过程中出现的产品损坏问题，给予相应的补偿。深入客户经济系统，正好解决了客户有关产品费用和安全保障的问题，从而更有助于企业拉拢客户。

除此之外，互联网企业会不断迭代和升级产品，并通过市场反馈的数据加以印证，及时作出调整和完善，这样就保证了企业可以挖掘出持续性的高利润。

企业的利润来源于产品和服务，而产品和服务想要转化成为利润，就需要迎合客户的需求，只有增强客户对产品和服务的价值认同，企业才可以拓展销路，并保证产品和服务可以卖到一个更高的价格。反之，如果产品和服务不被客户接受，那么即便产品的技术含量再高，即便服务的水平再高，也无法实现价值转化和利润转化。

细化市场，寻找未被发现的利润区

从企业发展战略的角度来看，企业生存和发展离不开三个要素，第一个是使命感；第二个是优势；第三个是找到利润区。有了使命感，企业就知道自己为什么要做事；有了优势，就能够明确知道自己能做什么。但是，仅仅依靠这两个因素还不足以支撑企业的整个发展战略，因为企业即便有了使命感也不知道自己要做什么事情，即便了解自身优势，知道自己能做什么，也无法明确究竟做什么才挣钱。这就像企业不断生产研发某款产品一样，虽然企业拥有足够的技术积累，也期待着通过自己的技术和产品为消费者谋福利，带动周边经济，可是如果产品卖不出去，不能转化成收益和利润，那么企业就会在不断地投资中遭遇资金不足的困境。对于企业来说，需要找到能够创造利润的行业和项目，尤其是发现一些新的利润区。

著名经济学家路德维希·冯·米赛斯在《官僚体制·反资本主义的心态》一书中说道："渴望创造利润的人，总在寻找机会。他们一旦发现生产要素价格与产品预期价格的关系提供了这种机会，他们就会涉足其中。假如他们对全部相关因素的评估是正确的，他们便可以赚到利润。不过这种利润消失的趋势也立刻随之发生作用。新项目得到实施的结果是，相关生产要素的价格也会上升，另一方面，产品价格开始下降。只有在市场条件和生产方式不断变化的地方，利润才是一种永恒的现象。想获得利润的人，必须不停地探索新的机会。他在追求利润时，要根据消费大众的需求调整生产。"

市场上永远都存在利润，只要企业还在发展，只要行业内部还存在交易，那么利润就会出现。不过，企业想要真正发现和把握新的利润区，就要回归市场，立足市场，从市场中寻找机会。企业应该积极关注市场，无论是产品价格、原材料价格、竞争对手动向、行业变化、政策指向、生产方式与技术的革新，还是消费需求的变化，企业都必须在第一时间掌握相关的信息。考虑到整个社会都在不断进化和裂变，最常见的一种做法就是进一步细化市场，在细化产品分类、客户分类的模式中寻找更多的盈利机会。

20世纪70年代末，由于电子手表的冲击，代表传统制表工艺的瑞士制表业很快陷入绝境。当时的瑞士手表虽然仍旧控制着全球手表的高端消费者市场，但这个市场本身就不断萎缩，瑞士不可能完全依赖高端市场养活整个制表行业，真正重要的还是中端消费者市场，但是瑞士制表企业在全球中端市场上的份额萎缩到仅为3%，至于低端市场，整个瑞士完全不重视。有人做过调研，发现整个瑞士也找不到一家企业生产那些低于100瑞士法郎的瑞士手表（相当于约700元人民币）。

一个名叫海耶克的企业家很快发现了商机，考虑到当时全球制表行业的大洗牌，他率先跳出了瑞士人惯有的思维，开始用全新的视角去看待手表行业的问题。作为行业中的过来人，海耶克意识到传统的企业设计存在很大的问题，企业过于看重产品的奢华，大家以产品为中心，只看重手表的研发和制造，而忽略了营销，忽略了对客户真实需求的满足。他认为企业想要卖出更多的手表，一定要重视客户关系，了解客户的偏好，把握客户的情感。

海耶克决定作出改变，他跳出了以产品为中心的思维，开始反复思考一个问题：消费者究竟想要从手表中得到什么，是奢侈的体验，是享受的乐趣，是追求独特的风格，是展示自己的生活理念，还是为了其他东西。经过调研和分析，海耶克找到了一个突破口，他认为只要将情感融入手表之中，强调佩戴手表的乐趣，并刻意打造不同手表样式，那么就可以吸引消费者购买更多的手表。

不久之后，海耶克就打造了一款名为斯沃琪的手表（Swatch），名字中的"S"代表了产地瑞士，也有"second-watch"（第二块手表）的寓意，它表明消费者完全可以购买两块甚至更多的斯沃琪手表。这款斯沃琪手表售价约为100瑞士法郎，直接填补了瑞士手表在低端市场的空白，所以一经面世就受到了全球消费者的欢迎。

接下来，为了抵御竞争对手的冲击，海耶克直接构建了一个产品金字塔。金字塔的底部是售价约为100瑞士法郎的低端手表，销量很大；金字塔中间是价格约为1000瑞士法郎的中端手表，这些手表直接占领了中端市场；接下来，就是售价高达几十万甚至上百万瑞士法郎的顶级手表。

在这个金字塔中，斯沃琪手表就是一道防火墙，虽然它的售价很低，利润也很有限，但是可以有效阻止其他竞争对手进入手表行业，这样就可以有效保护中端手表尤其是高端手表的巨额利润。正因为如此，斯沃琪手表在1983年之后的10年时间里售出一亿块手表，并在1993—1996年之间再次售出一亿块手表。

细化市场是一种有效的策略和方式，可以帮助企业探索新的市场、新的机会，找到没有被发现的利润区。而在细化市场时，企业需要把握以下几个步骤：

1.先对消费者的需求、行为、特征进行分析，然后针对性地将市场细分为若干具有相似需求的子市场，一般可以按照年龄、性别、区域、社会阶层、收入、消费习惯等进行划分。

2.划分好子市场后，对子市场进行深入研究，了解它们的市场规模、成长状态与成长空间、竞争状况以及自身具备的资源，经过详细的对比和评估，找出其中最具潜力且最适合自身发展的子市场。

3.选择目标市场后，企业可以深入市场了解消费者的实际需求，通过大数据分析、问卷调查、深度访谈等方式，了解他们尚未被满足的需求以及潜在的需求。

4.了解具体的需求之后，企业不要急于研发和生产相关的产品，而要看看市场上的相关产品与消费者需求之间存在什么落差，有什么不匹配的地方，这些不匹配的地方往往隐藏着巨大的商机。

5.一旦发现了商机，企业就可以针对性地研发相关产品，并提出有效满足市场需求的价值主张，打造属于自己的核心竞争力，推动产品快速走向市场。

6.出色的产品离不开出色的营销，企业需要在精准定位市场，以及提供出色的产品和服务之后，制定更加高效的营销策略，设计出更容易吸引市场关注的营销方法，最大限度出售产品，实现利润的快速增加。

对于绝大多数企业来说，只要做好以上几个步骤，就能够有效挖掘新的利润区，为企业的发展注入活力。

占领客户的心智，让他们心甘情愿地掏钱

许多企业会将注意力集中在如何与竞品竞争上，所以它们的眼里只有对手，只想着如何去打败对手，却忽略了一个问题，企业所面对的最大对手恰恰是客户。只有说服客户，占领客户的心智，才能真正实现产品价值的转化，才能创造更多的利润。一个不能迎合客户需求以及占领客户心智的产品，即便在技术上超出了所有的竞品，也无法创造价值。

比如，在日常生活中，人们会发现自己总是能够轻易记住那些品牌影响力更大的产品，只有少数第一梯队的品牌、产品和服务令人印象深刻，至于那些小品牌产品，人们甚至无法记住它们的名字。提起智能手机，很多人会想起苹果手机和华为手机；提起新能源汽车，首先想到的就是特斯拉、比亚迪和造车新势力；提到奢侈品，首先会想到香奈儿、LV和阿玛尼等少数品牌。

为什么人们总是轻易能记住那些品牌，然而对其他品牌一无所知？其实，并不完全是因为它们的产品足够强大，更多时候是因为它们通过品牌影响力的输出，通过高效的营销，将独特的价值主张、深入人心的故事，注入客户心里，并顺利建立起品牌的"情感壁垒"。客户对相关品牌的认知和认同感会非常高，并且本能地排斥和忽视其他品牌，这就是心智占领的表现。不仅如此，当品牌顺利占领客户心智时，就会影响客户的消费行为，并且客户往往会接受品牌的高溢价。例如，很多人明知道一双耐克鞋的成本可能只

有100元，却仍旧愿意花1000多元来购买它，就是因为这些消费者认定耐克鞋的品牌值那么多钱，一个简单的Logo就会带来情感和精神上的满足。

对于企业来说，单纯地通过产品和服务的性能来赚钱，已经变得越来越艰难。大部分企业都在面临严重的同质化竞争，都在感受饱和市场的巨大压力，如果没有特别精妙的设计，产品和服务的利润只会不断被压缩。在这个时候，企业更需要通过占领客户心智的方式提升品牌的认同感，发挥品牌溢价的功能，尽可能赋予品牌一些性能以外的价值。

占领客户心智往往需要把握几个基本概念，首先，企业要把握客户的心智份额，简单来说就是明确产品在消费者大脑中所占的份额。心智份额并不是产品销量，也不是产品销售额中的份额，是客户对产品和服务的认同感，或者说产品的受欢迎程度。提到喝酒，很多国人想到的第一个品牌就是茅台，茅台在国人心中的心智份额非常高，尽管它的市场销量不是最高的，却是令人印象最深刻的。

企业在占领客户心智的时候，需要了解并提升客户的心智份额，然后想办法强化品牌影响力，通过合理有效的营销方式，确保自家的产品和品牌可以进入客户的大脑，并不断挤压大脑中其他品牌的份额。

百事可乐在发展的过程中，面临的最大压力并不是可口可乐公司，而是广大的用户，因为对于世界上绝大多数人而言，可口可乐就是可乐饮料的代名词，就是饮料市场上最好的产品和品牌，任何品牌想要进入这个市场，都会面临被客户忽视的尴尬局面。百事可乐为了改变这种局面，做了很多的尝试和努力，从配方的研制到外形的设计都做了创新，但是效果并不明显。

20世纪70年代初，为了改变这种被动的局面，百事可乐做了两个重要的调整：第一就是将可乐率先卖到苏联，而这是可口可乐公司未曾涉足的市场；百事可乐可以通过产品输出，在苏联以及与苏联交好的社会主义国家获得更多的市场。第二就是将百事可乐贴上了年轻化的标签，如果说可口可乐代表了传统和经典，那么百事可乐则代表了年轻新势力，代表了潮流文化，代表了年轻人的能量。这样的宣传使得更多消费者开始认识和接受百事可乐，这个时候，他们头脑中可口可乐的心智份额就被挤压和缩小了，百事可乐自然成为他们的首选。

提高客户的心智份额，是有效占领客户心智的关键，对于品牌影响力的输出和品牌溢价的输出有着至关重要的作用。无论是提升客户心智份额，还是占领客户心智，企业都要想办法做好心智占领的战略设计，包括企业的精准定位、差异化的创新、持续的品牌宣传。

企业的精准定位主要就是了解自己应该做什么，应该推出什么层次和类型的产品，应该迎合哪些客户，精准定位是企业明确从哪些业务上挣钱，从哪些人身上挣钱的方式。不仅如此，企业的精准定位也会导致客户对其进行市场定位，并以此形成具有特色的心智资源；差异化创新则强调保持差异化竞争的模式，确保自己的产品和服务不会落入同质化的陷阱。与此同时，差异化是创造利润的关键，只要做到与众不同，那么企业在产品的定价以及利润获得上都会占据优势。

在打造更好的战略设计时，企业要对客户需求有深刻的洞察，对竞品环境有更加敏锐的把握。要善于利用好心智资源，并通过出色的营销，确保产品更好地被客户认知和接受。需要注意的是，在这个过程中，企业的销售员需要充分发挥自己的情绪价值[①]，运用销售情绪触动客户的内心世界，并帮助客户实现从认知到认同的情感联结。

---

① 情绪价值指的是对其他人情绪的影响力，如果人们能对其他人的情绪产生正面影响，就证明他的情绪价值高；如果无法对其他人的情绪产生正面影响，就表明他的情绪价值低。

提供解决方案，而不是出售产品

一般来说，企业通过出售产品和服务直接获取利润，但企业在面对市场和客户的时候，不能总是想着出售产品，不能将出售产品当成企业设计的核心理念。企业虽然坚持为客户需求提供服务，但满足客户需求并不是单纯地提供产品，而是提供解决问题的方案。

真正能够做到坚持以客户为中心的企业，会不断深入客户的经济系统来寻求更合理的解决方案。在它们看来，产品不过是客户经济系统中一小部分内容，客户经济系统还包括需要支付的金额以及额外产生的费用、运输产品过程中消耗的时间以及存在的风险。交易中存在的那些显性成本和隐性成本，都是客户非常在意的，如果企业不能够及时倾听并积极与客户进行商讨，不能给出一个有效的解决方案，那么产品和服务的交易就会面临困难。

从某种意义上来说，在以客户为中心的经营管理理念中，为客户提供解决问题的方案是最核心的内容，也是推动企业创造价值并获取利润的基础，毕竟客户的需求本质上就是为了寻求解决某些特定问题的方法。对企业来说，重要的不是让客户得到某种产品，而是获得解决问题的能力。为客户解决问题，应该成为一种思维定式。

以手机为例，一家手机制造商宣称自家的智能机，可以满足通话、发信息、发邮件、手机视频、玩游戏、听音乐、浏览网站的能力。其实，其他品牌的智能机同样具备这些基本功能，所以单纯地强调为客户提供一款手机，并不会给自己带来什么优势。优秀的手机制造商不会强调自己在卖手机，而是强调如何帮助客户解决生活和工作中的问题。比如，强调手机的加密功能，可以帮助商务人士排除"信息泄露"的担忧，或者强调手机强大的芯片，这样手游迷在玩游戏的时候就不会担心手机卡、不流畅的问题。侧重于解决问题，这才是企业赢得市场和客户的关键，这些解决方案才是创造价值的基础。

有的人会将解决方案与服务混为一谈。严格来说，解决方案更具针对性，它是冲着客户面临的问题和困境去的，而服务并不一定就是为了解决客户的问题。这就像一家修车行，当客户的汽车拉到修车行修理时，修车行的师傅可以拆开车子进行修理，至于能否修好，并不是他们所关心的，只要为客户提供修车服务就行了。即便他们说"这个车子的问题很严重，我们修不好"，他们实际上已经为客户提供了服务。如果修车行的师傅说："你的车子有很大的问题，但是请放心，我们会修好它的。"这就表明他们能够为客户提供解决方案。

提供解决方案是企业价值输出的核心，也是创造利润的基本保障。那么，企业应该如何提供解决方案呢？

1.理解客户的问题。企业要做的第一步就是理解需求，如果企业不确定客户要的是什么，就必须不断提问，而通常情况下，客户会将自己所遭遇的问题，尤其是那些棘手的问题坦然相告。

2.要让客户觉得你是值得信赖的。企业应该对客户做出承诺，并且只承诺那些自己能够做到的事情。企业应该保持坦诚，让客户更加了解自己，同时大方地说出自己所知道的相关信息，这种透明的关系有助于帮助客户放下戒备。

3.努力成为客户有价值的关系网。为了拉拢客户，企业可以为客户提供更多能力之外、业务之外的助力，比如当企业无法依靠自己的能力解决问题时，可以动用自己的关系网去寻找第三方的力量帮助客户解决问题。企业可以对客户做出承诺："非常抱歉，我并不知道如何解决这个问题。不过，我认识一个合作商，他可以帮助你解决这个问题，我可以帮助你联系他。"

4.为客户提供额外的价值。在企业满足客户的需求，为其解决相应的问题时，如果可以附带着提供一些新的价值，那么一定可以赢得客户的欢迎和信赖，相信客户对于双方后续的合作会抱有很大的期待。

当企业真诚地为客户提供解决方案时，可以赢得客户的信任和支持，从而培养客户的忠诚度，并且可以通过业务拓展获得更多的收益与利润。还有一点，企业的良好表现会产生品牌效应，推动企业更好地开拓市场。

需要注意的是，很多企业过去按照自己的模式来设置解决方案，结果很多时候会陷入主观思维中，无法真正解决客户的痛点。为了确保真正为客户提供所需的解决方案，企业需要认真做好市场调研工作，了解客户面临的问题。企业可以设置一张问题清单，了解客户面临什么样的问题，然后对这些问题进行排序，了解什么样的问题排在最前面（亟待解决的问题），看看不同层次的客户所面临的问题有什么不同。企业需要依据自身的定位来锁定目标客户，找出他们最在乎的问题，然后想办法设计解决方案。

参与价值链竞争，在价值链上寻找利润区

美国哈佛商学院著名的战略学家迈克尔·波特提出了价值链分析理论，他将企业内外价值增加的活动分为基本活动和支持性活动。基本活动包括企业生产、销售、后勤（进料后勤与发货后勤）、售后服务，支持性活动包括人事、财务、计划、采购、研究与开发。基本活动与支持性活动构成了企业的价值链。在企业参与的价值活动中，并不是所有环节都创造价值，只有某些特定的价值活动会创造价值。这些真正创造价值的经营活动，就是价值链上的战略环节，也是企业打造竞争优势的环节。一旦价值链建立起来，企业就可以准确地分析价值链上各个环节增加的价值，知道利润区在什么地方。

波特认为企业首先应该学会的是参与产业价值链的竞争，而不是想尽办法去寻找做买卖的机会。具体来说，企业家在产品经营模式阶段，会先谋求自己在产业链上的位置，通过打造更好的产品和服务来巩固自己的位置，展示自己的核心竞争力，并确保自己成为市场上不可替代的参与者。随着企业不断发展，它们开始打通上下游，进入企业经营模式阶段，此时，企业会努力拓展利润空间，并保护自己在产业链中的位置。最后，企业会进入产业经营模式阶段，在这一阶段，企业要竭尽全力整合与调动技术资源、人才资源、知识资源、物质资源等，增强企业在产业链中的影响力和支配力，成为产业链的组织者。

从产品竞争转向企业竞争，最终转向产业链竞争，这是企业发展的必经之路。而按照市场竞争规律，利润区通常会出现在产业价值链上，并逐渐向产业价值链的上游与下游转移，由此形成前向一体化和后向一体化两个发展方向。而这主要看企业自身的发展状况，如果企业在产业链上不能再往前发展了，就需要及时停下来思考问题，换一个视角，换一个发展方向，多往产业链的下游看看，在下游找一下有没有利润区。

A公司多年来一直都在水果行业发展，整个行业有种苗、农药化肥、仓储、加工、分销、零售、消费等多个环节。在水果公司发展的高峰期，一直居于产业链中间的仓储与深加工环节，具有较高的盈利水平。那个时候，仓储和深加工一直都是主要利润区，因为谁掌握了先进的水果存储技术，就可以借助时间差来买一个更好的价格（水果上市期低价购入，等到水果快下市的时候高价出售），卖不掉的产品则加工成罐头、水果干、果脯和零食，利润往往比卖水果高好几倍。

可是随着冷藏技术的发展，很多种植户自己开始建造冷藏库和保鲜库，行业中也出现了很多水果加工企业，这导致A公司的市场规模和利润不断下滑，仓储与加工都失去了盈利的空间。这个时候，公司开始思考对策，想要往产业链上游走。公司认为，农药化肥的利润很高，而且销量很大，值得尝试一下，种苗培育和销售也可以实现一定的利润。公司为此打造了一个新的商业模式，那就是"只要果农从自己这里购买种苗和农药化肥，那么公司可以将冷冻库无偿租给他们使用，果农只需要支付电费就行"。然而，当A公司真正开始卖农药化肥时，才发现很多农药化肥公司早就无偿给果农提供种苗了，还专门安排技术员辅导果农种植水果，对果农进行专业培训。相比之下，A公司毫无竞争优势和市场吸引力。

眼看往上游走行不通，A公司转变视角开始往产业链的下游转移，看看下游有没有利润区。不久之后，A公司的市场负责人发现，下游的利润区原先是在一级分销环节，只不过随着经销商和摊贩的增加，边际利润不断走低，利润区也跟着往下游走，进入二级分销环节。A公司很快盯上了水果零售，尤其是随着互联网营销经济的发展，A公司打造了线上销售与线下销售结合的新模式，再加上自己在仓储和加工行业的多年耕耘，公司很快就构建了购买、仓储、运输、销售为一体的经营模式，企业的利润开始不断提升。

彼得·德鲁克说过，一个企业的盈利模式，有效期通常在7～8年。正因为如此，企业为了继续生存和发展下去，就要想办法从产品经营转向企业经营，然后转向产业经营，竭尽全力去整合和调动更多资源，用来对抗外部环境的不确定性。在这个过程中，企业不能将目光停留在价值链的某一个环节上，当价值创造能力减弱，利润开始降低的时候，需要往上下游探寻发展方向，做一些积极的尝试。

为了做到这一点，企业需要对价值链上的各个环节进行详细了解，找出价值创造的战略环节，找出自己的核心优势，然后想办法进行价值链扩张，寻找更大的利润区。无论寻找价值链上的战略环节，还是进行价值链扩张，都要求企业不断提高对价值链的掌控能力，这样才能真正把握住利润。

寻求战略突破，提升企业的竞争力

发现利润区，并不意味着企业就可以从利润区获取更多的利润。对企业来说，发现利润区只是第一步，想要获得利润，企业需要打造出色的盈利模式。企业在利润区构建的盈利模式是否有效，直接决定了盈利的效果，而盈利模式的效用依赖于企业的战略突破。战略突破是战略的落脚点，对于企业来说，想要在市场上有所斩获，企业就需要在战略集中、战略聚焦的基础上，寻求战略突破，在市场上寻求一个绝佳的发力点，并对战略目标进行分解，变成更具体的目标、任务和责任体系。

华为公司的战略突破口在通信行业，苹果的战略突破口在于iOS生态系统的构件，特斯拉的战略突破口在于锂电池储电技术以及成本压缩。目前，我国正在加快新能源、新材料、先进制造、电子信息等战略性新兴产业的布局，并期待着各大行业可以孵化出一大批优秀的科技公司，这些科技公司会形成"新质生产力"，并以此作为战略突破口。

可以说，战略突破是企业发展的一个重要环节，也是推动企业获得快速发展机会的关键。那么，企业应该如何做好战略突破工作呢，或者说企业应该从哪里寻求战略突破呢？

一般来说，战略突破拥有两个维度：以客户需求洞穿企业经营和以客户价值看破市场竞争。企业需要立足市场，需要围绕着客户来寻求经营和竞争的机会，然后通过五个基本途径，来实施战略突破：

1.从低端品牌向高端品牌转型。从竞争力、生存机会、盈利空间的角度来说，越是高端的产品和品牌，越是处于产业链的顶端，它们的竞争力越大，生存空间越大，盈利空间也越大。反之，越是处于低端的品牌，市场的影响力越是薄弱，盈利空间越小。为了确保企业可以获得更强大的生存能力和市场影响力，企业在寻求战略突破的时候，需要想办法从低端品牌向高端品牌转型。这种转型不是简单的提高产品价格，而是要求从产品性能设计、品牌形象打造、高端文化属性渗透、核心壁垒构建、稀缺资源的占有、差异化的服务等方面实现质的飞跃。

2.从产品经营向服务经营转型。在传统的经营模式中，产品是营销的核心，打造优秀的产品成了企业最重要的任务。但是，随着同质化竞争的加剧，企业的利润逐渐下滑，加上人们需求层次的提升，市场对于产品性能的要求并不那么迫切，反而是大家对服务的要求越来越高，服务的盈利空间也越来越大。在这种趋势下，企业需要尽快从产品经营向服务经营转型。一般来说，企业在转型的过程中，需要输出差异化的服务，需要打造更具吸引力且更能把握用户情感的服务模式。

3.从低维经营向高维经营转型。低维度的经营方式下，企业会将精力放在产品的研发、生产和营销上，企业的收益基本上来源于产品的出售，只要销量好，那么企业获得的收益就会相应地增加。而高维度的经营方式更侧重于一些高端策略的运用，比如通过优秀商业模式的构建，增强企业的盈利能力。

> 以海尔集团为例，在过去很长一段时间，海尔集团都是通过直接出售产品来开拓市场，打造品牌影响力的。随着家电行业的饱和以及国内外市场环境的变化，海尔集团意识到原先的低维经营模式

已经无法让自己走得更远，必须尽早做出改变。于是，海尔集团积极转型，从一个封闭的注重产品生产和营销的企业转型为一个中小企业孵化平台，构建开放的生态圈，为诸多中小微企业提供帮助。依靠这种独特的商业模式，海尔集团实现了从低维经营模式向高维经营模式的华丽转变。

4.从分散经营向聚合经营转型。企业想要打造强大的竞争力，想要在产业链上获得更高的地位，想要在市场上获得更大的影响力，获得更大的生存空间，就需要改变分散经营模式。分散经营会导致企业缺失竞争力，尤其是那些规模很小，实力偏弱，且缺乏核心竞争力的企业，很难依靠自身的力量在市场上站稳脚跟。相比之下，企业积极转型为聚合经营模式，与区域内相互临近的企业结成盟友，或者与同处生产链的某一个环节而分工不同的那些企业进行合作，就可以通过聚合经营模式来降低运输成本、库存成本、交易成本，同时借助企业集群的信息优势和劳动力优势提升竞争力，并实现技术和知识的共享，推动企业的创新。

5.从大众产品向利基产品转型。现如今，大部分企业都要面临同质化竞争的问题，由于产品相似度很高，企业之间的竞争优势被不断弱化，尤其是那些实力偏弱的中小企业，很难与市场上的大企业相抗衡。为了在市场上获得生存空间，这些中小企业就需要改变自己的经营方式，放弃过去一直都在坚持的"研发大众化产品"的策略，因为越是大众化的产品，面临的竞争越激烈，企业想要生存下去，就要面临更大的压力。正因为如此，企业需要想办法改变策略，开发一些利基产品①，尝试着寻求一些不被大众关注的非主流市场，将目标锁定在一些特定的群体和特定的小市场上。这些市场规模不

---

① 针对性、专业性很强的产品，针对特定的市场与客户。

大，产品也非常小众化，客户的需求没有得到充分满足，甚至被大多数企业忽视，因此具有一定的发展空间和获利空间。一般情况下，企业可以集中力量进入相关领域，开发出相应的利基产品，并努力把握机会，成为行业内的领先者，争取一步步做大做强，打造属于自己的核心竞争力，并寻求建立竞争壁垒。

一般来说，企业可以通过以上五种途径寻求战略突破，确保企业可以走出低效、低端、低利润的状态，逐步构建强大的竞争优势，为自己未来的发展奠定坚实的基础。

章节须知：

如何将公司引入利润区

随着社会的发展，信息和市场瞬息万变，企业设计周期大幅缩短，企业需要快速把握商机，确保第一时间进入利润区。而想要成功进入利润区，企业需要先回答以下几个问题：

1.自己的客户是谁

首先，任何一个企业都有适配的客户群体，有效的企业设计能够将客户划分成不同的群体，能够分析和了解不同群体的特征，了解不同客户的偏好；其次，找到客户明确的需求以及隐性的需求；最后，企业需要针对这些需求来定位自己的客户群。

2.是否把握了客户的需求变化

市场始终处于不断发展变化的状态，客户的需求也会发生变化。当个人资源以及外在环境出现变化时，客户会产生新的偏好，企业需要及时把握这种变化并做出有效的反应。

3.是否不断壮大了客户群

当企业找到客户群时，不能满足于现状，想要继续发展，企业就应该思考该如何扩大自己的客户群。要看看市场上是否存在一些关注自己产品和服务的新群体，企业需要沿着价值链做出进一步的探索，看看自己是否有机会为客户的客户提供必要的服务，自己是否愿意花费更多的时间与客户、潜在的客户进行深入交流。

4.如何为客户增加价值

企业在了解和分析客户偏好时，需要了解竞争对手满足了客户哪些偏好，需要弄清楚自己如何做才能够做得比客户更好，如何在更好地满足客户需求的同时降低成本。也要弄清楚客户为了满足偏好和需求愿意付出多大的溢价，以及企业还能满足客户哪些偏好。

5.是否让自己成了客户的第一选择

每一个客户都有不同的偏好，针对每一种偏好的满足程度，他们会给企业打分，而得分较高的企业通常更容易受到客户的青睐，成为第一选择。通常来说，企业应该抓住客户的第一偏好和第二偏好，然后尽可能做到比竞争对手更好。

6.是否打造了适合自己的盈利模式

当企业进入某一个行业时，首先，需要弄清楚在这个行业应该如何获取高利润，需要找出那些盈利能力最强的企业；其次，找出这些企业获得高盈利的原因。企业需要描述自己的盈利方式；最后，弄清楚企业内部的每一个人是否都了解这个盈利模式。

7.自己的企业设计是什么类型

一家公司的企业设计通常是由客户选择、价值获取、战略控制、业务范围四大要素组成，这是企业设计的基础。除此之外，企业需要描述自身企业设计中涉及的其他因素，比如组织因素和运营因素。

8.是否确定了竞争对手

和自己经营同一业务的企业就一定是竞争对手吗？答案是否定的，真正的竞争对手是指那些经营范围相同，且与自己争夺同一客户的企业。有时候竞争对手和自己不是处在同一行业，而且提供的产品和服务也与自己不同。因此，企业必须放宽视野，在更加广阔的领域寻找对手，然后借机了解不同的企业设计。

9.那些最难缠的竞争对手，拥有什么样的企业设计

一般来说，行业内的价值通常流向那些最具竞争力的企业，因此企业需要弄清楚自己的企业设计与那些最强大竞争对手之间的差别。了解这种差别有助于完善和提升自己的企业设计，从而更好地为客户创造价值。

10.自己的下一个企业设计是怎样的

企业中的领导都会面临这样几个关键问题：公司最近改变企业设计是什么时候，为什么要改变，改变之后是否满足了客户的需求与客户偏好。企业需要参照这一次的改变，找到能够满足客户偏好的企业设计，确保价值的流入。

11.自己的战略控制方式是什么

企业设计最重要的要素就是战略控制，它可以将企业保持在利润区之内，并阻止其他企业侵蚀本企业的利润。正因为如此，企业需要弄清楚自己战略控制方式是什么？是品牌、专利、版权、产品开发领先优势、成本优势、分销控制、供应控制、拥有的客户信息流、独特的组织文化，还是价值链控制？

12.自己的公司有多少价值

除了找到合适的战略控制方式之外，企业还要找到合适的盈利模型，这两个因素直接决定了企业的盈利能力以及内在价值。企业需要弄清楚自己的内在价值以及价值增长的空间。

总之，企业把握好以上12个问题，就可以逐步将企业引入利润区，提升企业创造价值的能力与盈利的空间。

第四章
做好成本控制，打造合理的成本结构

随着市场经济体制的完善,随着竞争的日益激烈,企业想要在市场上获得更多的生存空间,便要做好成本控制。成本控制是企业生产和经营过程中必不可少的一环。它是指通过合理的成本管理手段,尽可能地减少和控制成本,以提高企业的盈利能力和竞争力。成本控制包括成本计划、成本分析、成本核算、成本调整和成本监控等环节,每个环节都对企业的成本控制至关重要。

开设不同的账户,了解每一笔支出

很多企业家在年终总结时,常常会发现一年的开支又超出了预算。即便企业管理者有心控制好成本,可是在运营的过程中,很容易失去对成本的控制。不仅如此,每次在具体核算的时候,他们常常弄不清楚钱花在哪里了,不知道哪些钱可以节约,哪些钱值得花。资金使用的控制力不足,是导致企业开支偏高的一个重要因素,而想要确保自己对每一笔开支都了如指掌,可以将钱花在真正值得花的地方,企业需要强化对资金的控制。最简单的方式就是对经营管理中需要支出的相关项目开设不同的账户。

企业开设成本账户主要是为了对生产经营管理活动中的各项支出进行系统、全面的核算与管理,确保支出的合理性与高效性,提高资金利用率,减少不必要的支出和浪费。成本账户的设计是企业会计核算体系中的重要组成部分,也是企业打造合理成本结构不可或缺的一个部分。

企业中的每一个项目、每一笔开支都可以设置账户。一般来说,成本账户体系包含了几个重要方面的内容:

1.人工账户,这里主要是指员工的工资、奖金和福利。企业在生产经营管理的过程中,需要支付员工基本的工资,需要给予员工一定的奖励和福利,这些钱都要纳入人工工资中。

2.材料账户,主要是指企业生产过程中购买原材料所产生的成本,包括厂房建造所需的材料、产品生产所需的原材料、企业生产的设备等。企业要认真记录每一样材料的开支。

3.制造费用账户，主要是指企业生产过程中产生的间接费用。产品和设备的折旧费、水电费、维修费都属于制造费用。

4.期间费用账户，期间费用是指与特定产品没有产生直接关联的各项支出，一般包括销售费用、管理费用、财务费用。

每一个账户通常需要设定一个预算，企业可以根据年度经营计划和财务预算，为各类成本账户设定预算额度，像原材料的采购预算、人工工资预算、制造费用预算、广告营销预算。所有账户的预算可以参照历史数据与行业标准来设置，企业需要了解过去几年时间内的成本数据以及行业内的平均成本，然后结合自身生产计划来设计。必要的时候，还要结合市场环境的变化（原材料的价格浮动、行业饱和度导致的增产或减产、竞争对手的策略）对自己的预算做出调整。

预算额度的设置应该兼顾企业盈利的目标，以及成本控制的要求，额度不能太高，也不能太低。如果资金消耗超出了账户的预算，那么其他账户的开支就会受到挤压，对企业的发展极为不利。而一旦资金消耗太少，则意味着相关项目的资金投入不够，经营管理会大打折扣。为了保证资金的高效使用，企业应该打造一个合理的资金使用区间。

比如，某家公司为了打造更合理的成本结构，开设了各类成本账户。公司事前对行业内的成本消耗标准做了了解，也整理了过去10年内公司内部各项开支的资料，并认真分析了成本开支的发展趋势，然后对各类成本账户的预算进行了评估，并制定了初步的预算。其中，广告营销资金在100万~800万元，员工工资在6500万~7000万元，员工的差旅费3000万~3500万元，员工培训的资金额度1000万

~1200万元，设备的保养维修费用800万~1000万元，日常的水电费额度250万~300万元。

这个预算方案很快被公司高层否决。考虑到最近一年公司快速发展的趋势，高层觉得这个预算方案过于保守，而且很多账户内的额度明显不符合规定。首先，广告投入的上限和下限差距太大，考虑到过去两年的营销模式，合理的额度应该是500万~650万元。其次，员工工资明显偏低，考虑到公司新招聘了一批高端人才，再加上业务扩张的需要，这一年的工资额度应该提升为7500万~9000万元。最后，公司最近两年的新员工较少，招聘的又都是富有经验的人才，员工培训的费用可以进一步压缩，控制在600万~700万元左右就行。至于设备的保养和维修费用也偏高，毕竟很多设备的零配件都实现了国内产品的替代，费用可以降为500万~550万元左右。通过调整，公司的成本账户变得更加合理，真正做到了将钱花在刀刃上。

成本账户的设置可以帮助企业更好地了解自己花了多少钱，可以更合理地控制每一项开支，保证企业不会乱花钱。为了提升成本账户的管理效果，强化成本控制能力，企业需要定期进行审核，看看成本控制的效果，然后针对当前的成本账户设置中存在的问题进行调整。一般来说，企业可以半年或者一年进行一次审核，也可以针对特定项目的实施情况进行阶段性审核，或者等到项目完成后进行审核。

为了方便审核，企业每一次从账户里支出资金时，需要认真做好记录，包括每一次的支出是多少，支出具体用途，资金使用的具体时间，资金的使用频率。企业需要了解每一笔钱的去向，确保每一笔开支都有迹可循。这样等到资金审核的时候，企业就可以准确地了解钱花在哪里了，这些钱是否花得很值，是否存在浪费行为，整个账户的资金分配是不是合理，是否可以进一步减少开支。

需要注意的是，成本账户并不是一成不变的。在经营管理的过程中，企业需要针对自身的发展情况进行调整和改变。比如，当市场突然恶化，行业变得不景气时，企业的生产肯定需要适当萎缩，这个时候，相关的生产成本就要适当减少；而面对突然增加的订单，企业又要及时修改相关的成本账户，增加预算的额度。

此外，在经营管理过程中，一些新增的项目或者需要细化考核的项目也必须针对性地开设成本账户，保证相关项目的资金使用受到严格的监管和控制。

成本控制，主要是为了减少无效成本

在追求的道路上，企业往往需要做到两点：第一，找到利润增长的方式，企业需要寻找到利润增长点，通过产品、服务、知识产权、品牌价值等来获取更多的收益；第二，找到成本控制的方法，这里强调的成本控制并不是单纯地减少开支和消耗，而是确保企业能够减少一些不必要、不能产生任何价值的开支。

成本本身存在两个重要的方面，即有效成本和无效成本。很多企业在进行成本控制的时候将注意力放在了有效成本的控制上，而忽略了对无效成本的控制。有效成本是指那些能够带来价值增值和利润增加的成本支出，能够给企业带来正面的效能，推动企业的发展，产生大量的效益与利润。从发展的角度来说，企业需要通过有效成本的投入来创造价值和收益，如果有效成本被随意控制和减少，那么企业的盈利空间也相应地会受到压缩。只有一些涉及边际成本增加而边际效益减少的项目，才需要严格进行成本核算与成本控制。

相比之下，企业更应该控制无效成本，尽可能减少无效成本[①]。像错误的决策、错误的设计、错误的施工造成的资源浪费都会产生无效成本，包括

---

① 无效成本是指那些对价值创造和利润增加没有任何帮助的成本投入，这属于一种成本浪费。

工作重复带来的资金浪费和资源浪费、原材料以及水电等资源浪费、工程延期增加的额外成本、质量不合格产生的修复费用、不合理管理带来的变更成本、风险管理不当造成的损失等。

比如，字节跳动公司非常重视办公环境的成本控制。许多大公司喜欢盖一些又高又大的办公楼，并且会设置大型的办公室，来满足员工的办公需求，字节跳动却推行了灵活的远程办公与混合办公模式。公司认为大型集中办公空间会造成很大的成本，而办公效果并不见得有多好。不仅如此，字节跳动还改变了以往员工拥有独立办公室的办公模式，打造了开放式的办公环境，鼓励员工共享办公设施和资源。这样就可以降低单个员工占用的空间成本和资源，减少很多不必要的开支，还有效提升了办公效率。

降低无效成本是企业控制成本的重要方式，也是真正确保资金得到合理利用的前提，而企业想要控制好无效成本，就需要在各个方面做好成本控制工作。

——项目规划要明确，流程设计要合理

在业务和项目启动阶段，企业就要进行合理规划，对市场环境、行业发展状况、自身的实力状况以及客户需求进行充分的调研和了解，明确项目实施的目标和范围，制定合理的流程，避免后期频繁更换。

——加强项目的监管与控制

为了减少一些不必要的开支，为了减少一些错误的实施，企业需要加强监管与控制，定期审核项目的事实情况，对相关业务的推进情况进行分析，及时找出存在的问题，避免问题被延迟和搁置，造成越来越大的损失。

——强化内部沟通与协作

想要提升内部的工作效率，减少一些重复工作以及低效作业的情况，企业需要打造更加强大的沟通机制与协作机制。比如，打通部门墙，鼓励内部协作，提升各部门考核的关联性；构建内部的信息共享平台，压缩层级机构，并打造强大的内部信息反馈机制。

——加强风险管控

在业务实施和项目推进的过程中，企业需要在第一时间识别和评估风险，并采取相应的措施进行风险控制和应对，避免承担风险导致的额外成本。一般来说，需要成立专业的监管部门进行风险评估，并做好定期审核。企业需要制定风险应对机制，这样可以在意外发生时的第一时间制定解决方案，避免造成更大的损失。

——对资源进行严格管理

企业的发展离不开各种各样的资源，资源的使用效率直接决定了利润的高低，正因为如此，企业需要加强对资源使用情况的管控，确保不会存在资源浪费的情况。比如，企业内部要提倡节约，无论是用水、用电、用纸、用墨，都不能随意浪费，不要制造无意义的成本消耗。

需要注意的是，无效成本控制的关键在于对成本进行界定，因此企业需要构建一个评估体系。这个评估体系包括事前评估工作、事中评估工作、事后评估工作。

事前评估工作主要在于评估相关工作、项目的合理性，看看企业的投入是否可以产生相应的价值回馈。如果评估结果不理想，相关的投入无法产生对等的价值，那么就要提前放弃相关的项目；如果认为有潜在的收益，那么企业需要及时作出成本决策，制订成本计划。

事中评估主要是强调企业在实施项目过程中的分析，企业需要针对当前的工作进行成本控制与成本核算。成本控制在于严格控制好每一个环节、每一个细节上的投入，利用数据分析来明确资本投入是否合理，看看当前的成本消耗与以往同一时期的成本、行业范围内的平均投入是否存在很大的差距，然后做出合理的评估。

事后控制主要是针对已经消耗掉的成本进行考核与分析，看看相关项目的成本是否合理，是否产生了理想的价值回报，是否影响了其他项目的投入，是否有值得调整和继续改进的空间。

企业构建良好的评估体系，便可以更好地做好成本控制，减少无效成本，促使企业稳步发展。

丰富进货渠道，提升议价空间

在企业提升利润的所有方法中，降低成本是一个最基本也最实用的方法，毕竟高价可能会引发市场的强烈反应，大部分消费者都不愿意为产品支付更高的价格。假设企业不具备独一无二的市场影响力和品牌价值，那么高价对企业来说存在一定的风险。正因为如此，企业需要想办法通过降低成本来获取更大的利益，而其中一个比较常见的方法就是从供应链入手，比如拓展进货渠道，为自己拉拢和吸纳更多的供应商，从而有效提升自己的议价空间。

通常情况下，在一个相对稳定的交易结构中，企业面对的供应商也是固定的，甚至可能是唯一的。而这唯一的供销关系会捆绑住企业，降低操作的灵活性，使企业受到供应商的胁迫，毕竟如果不同意供应商的报价，自己连生意也做不了。但是，如果企业可以在供应链中引入一个替代者，那么这个替代者就会扮演搅局者的角色，打破原有的供应链平衡，并与之前唯一的供应商产生激烈的竞争。这个时候，原来唯一的供应商也就不再拥有议价权，至少没有那么大的议价权。为了避免自己更多的供货被新加入的搅局者瓜分掉，它只能做出适当的妥协。

假设A公司是手机制造商，它只负责研发手机芯片和运行系统，诸如液晶屏、触摸屏、线路、手机按键、摄像头、外壳、电池、充电器、耳机、数据线、顶针等其他部件都交给其他供应商来生产。考虑到手机的价格基本上是固定的，不可能随意提高价格，A公司想要确保自身利润的最大化，最好的方法就是直接压缩供应商的报价，尽可能以更低的价格获得手机部件。

而想要迫使供应商降价，A公司需要增加谈判的筹码。这里的筹码主要有两点：第一是足够多的产品量；第二是拥有很多优质的替代合作伙伴。只要订购的产品数量足够多，对供应商的吸引力就足够大。不过，这也是一把双刃剑，一旦对供应商产生依赖，那么就等于被对方抓住了命脉，所以A公司还需要具备第二个筹码——拥有很多优质的替代合作伙伴。只要拥有更多稳定的、优质的供货渠道，就可以消除对方的影响力，极大地降低对方的谈判筹码。也就是说，当A公司准备同经常合作的供应商进行谈判时，就可以搬出那些替代性的合作伙伴来压价。如果对方不接受自己的报价，那么A公司将会选择与其他的供应商进行合作，这个时候，参与谈判的供应商就会陷入被动。

拓展和丰富供货渠道，是企业成本管理的一个重要环节。这种方法能够打破相对单一的供求关系，让企业拥有更多的选择，而更多的选择就意味着更大的话语权和议价权。在经济学中，经常会提到一个概念：当一件商品或者服务缺乏替代品时，就会因为稀缺性带来更大的价值，它的价格也会上涨。如果这件商品或者服务拥有更多的替代品，它的稀缺性就不存在了，价格会慢慢下降，因为它的议价权被打破了。

替代品的出现往往制造更加激烈的行业竞争，这种竞争对企业来说是非常有益的。当供应商太过强势，或者自己缺乏有效的议价空间时，企业需要打造一个竞争更加激烈的产业链，吸纳更多的供应商加入，从而将议价的压力转移到供应商身上。

这是一种非常典型的"引狼入室"策略，它的目的就是通过引入竞争者来打破生态平衡，构建新的供应链结构，确保生存优势更多地向自己倾斜。

那么，企业该如何去拓展和丰富供货渠道呢？

第一，拓展渠道时选择有实力的供应商。可以提供稳定的货源，产品质量过关，在市场上具有不错的竞争力，这种供应商可以起到很好的替代作用，企业根本不用担心原来的供应商"卡脖子"。

第二，采用直接渠道策略。所谓直接渠道，简单来说就是确保自己新拓展的供货渠道是原生产厂家，整个供货流程中不会有任何经销商的参与。这种直接到工厂要货的模式能够更好地降低成本，而且会对原有的供应商造成很大的冲击，进一步提升议价空间。

第三，寻求外部竞争者的策略。一般来说，很多企业会选择构建区域渠道，从本地的供应商手中拿货，这样具有运输成本更低，拿货更方便的优势，但与此同时也存在"容易依赖对方"的缺陷。一个聪明的企业应该采用更灵活的进货策略，而从区域外部进货则是一个非常好的理念。通过从外部引进"狼群"，可以激活区域内供应链的竞争，一方面，外部进入的新势力为了在市场上站稳脚跟，肯定希望迎合客户的需求；另一方面，原有的区域供应商不希望外部势力进入瓜分市场，为了阻止对方进入，肯定会想办法做出价格调整，以更低的价格和更好的服务留住原来的客户。在这两种力量的拉锯战中，企业完全可以为自己拿到更多的议价筹码。

一般来说，企业可以根据自己的实际情况，制定不同的策略，而且对于拓展的渠道数量也可以按照具体情况进行灵活变动，既要保证多元化进货带来的议价优势，又要避免多元化进货可能产生的"质量参差不齐"的问题。因此，企业在拓展进货渠道的时候，不能仅仅注重数量上的提升，还要兼顾产品和服务的质量。

积极偿还债务,减少成本消耗

很多企业都面临债务问题,举债经营是一种非常常见的经营模式。作为一种"由企业承担的能以货币计量,并在未来以资产或劳务偿付的经济责任",债务在企业的经营管理过程中起到很重要的作用。适当借贷可以快速筹集企业发展所需的资金,企业能够通过这种财务杠杆的方式获得更大的利润。不过,债务在帮助企业创造收益和利润的同时,本身也会造成一定的成本负担,因为企业借贷需要支付大量的利息。当利息远远低于借贷资金带来的投资回报时,表明企业的债务发生了正向的杠杆作用,当利息高于借贷资金所产生的价值时,债务就会变成一种负担,会不断增加企业的成本消耗。

债务的这种双向作用会给企业带来一定的风险,尤其是当企业发展出现问题的时候,这种风险很有可能会造成极大的成本压力,最终压垮企业。正因为如此,企业需要认真面对债务问题,并且尽可能减少债务,将其控制在一个可控范围之内,以确保自己能够减少更多的成本消耗。事实上,对于大多数企业来说,想要找到一个高回报的项目并不容易,企业在没有找到更高价值的投资项目和业务时,应该尽可能提前偿还债务,减少利息的支出。

想要偿还债务,企业需要把握几种常见的方法:

——企业想要偿还债务,可以通过资产重组的方式将亏损或者低效的业务板块进行出售、整合,减轻企业的财务负担。很多企业会出售一些低价值资产，或者转移非核心业务来筹措资金偿还债务。

比如，某公司欠银行20亿元贷款即将到期，考虑到企业当前的发展并不景气，基本上很难做到到期偿还贷款；续贷的话，高额的利息又会是一大笔开支，这将影响企业的发展。为了解决债务问题，公司决定进行资产重组，直接将旗下三家子公司出售，并且还出售了母公司5%的股权，终于筹集了20亿元，顺利偿还了债务。

——企业要制订合理的债务偿还计划，提前做好规划，然后在具体落实的过程中，依据企业的财务状况，合理有序地逐步偿还到期债务，避免债务像滚雪球般越积越多。除非遇到意外，否则，企业需要按照计划定期定额偿还债务，避免拖延产生额外的利息。

比如，国内某公司对所有子公司做出了规定，所有涉及债务问题的子公司都必须提前制订债务偿还计划，包括偿还的时间、形式，以及偿还的金额。在制订计划之后，子公司必须严格按照计划执行，按期偿还部分债务或者所有债务。公司每隔一段时间就会派人去子公司进行调查与监督，看看子公司具体的债务偿还状况，看看对方是否制订了债务偿还计划，这个债务偿还计划是否合理，是否在按照计划认真偿还债务。对于那些没有制订债务计划，或者不按计划执行的子公司，公司会进行严肃处理。

——当企业面临偿还债务的压力时，可以选择进行债务重组，与债权人进行协商，调整还款期限、本金和利率。通常来说，为了减轻短期偿还债务的压力，企业可以与债权人协商是否能够适当延长还款期限，是否可以进一步降低偿还债务的利息。

假设A公司从B公司处获得了4000万元的借贷资金，考虑到A公司当前的项目刚刚进入关键期，根本无法在两个月后偿还债务，A公司的负责人决定与B公司进行协商，希望对方可以同意自己分期付款的偿还模式。公司会将4000万元分成4期来偿还，每期偿还1000万元，一年时间全部还完。B公司一开始并不同意这个偿还方案，可是担心A公司因为资金链断裂而破产，到时候自己可能连4000万元的本金也没有办法要到手，所以同意了对方的请求。一年之后，新项目获得突破的A公司顺利偿还了所有债务和利息。

企业可以选择以上几种方式来减轻债务压力。此外，为了减少债务利息，企业也可以掌握一些偿还债务的小技巧，它们可以先对自己的所有债务进行整理和分析，看看哪些债务的利息更高一些，看看哪些债务的利息偏低一些。在偿还利息的时候，为了降低财务费用支出，企业要优先偿还那些高利息的债务，然后再偿还那些低利息的债务。

需要注意的是，企业如果缺乏运营资金，也不用总是想着到外部借钱，有时候可以采用内部合伙的方式来解决资金短缺问题。比如，企业可以将股份卖给员工，让员工持有公司的部分股份，这样既能够解决资金不足的问题，也能将员工利益和企业利益进行深度捆绑，从而调动员工工作积极性，并创造更多的利润。

很多公司在早期发展的过程中，为了解决资金不足的问题，就会想方设法从员工手中融资，企业家会通过出售股权的形式从员工这里融资。比如，公司会与员工签订协议，员工只领取固定工资，甚至比原有的固定工资还要少的薪水，但是公司会赠予员工一定比例的股份。这样一来，员工的收益就从工资和奖金部分转移到股权分红上。或者，公司会直接将股权出售给员工，员工继续领工资和奖金，但是会按照低于市场价的价格买入股票，只要公司股票上涨，那么员工就可以获得不错的收益。不过，像这种部分员工持股或者全员持股的模式并不是每一次都可以发挥融资的作用，只有那些发展势头不错，或者具有发展潜力的高价值公司，它们的股权才具备真正的吸引力和增值的空间。一家没有任何价值或者长期亏损的公司，是难以吸引员工为其融资的。

逐步从重资产向轻资产模式过渡

众所周知，企业在进行成本控制的时候，需要重点把握两个成本，第一个是变动成本；第二个就是固定成本。购买原材料、电费水费、支付工人工资都属于变动成本，因为原材料、水电、工人的劳动力都是变动的生产资料，它们会随着产量的增减而发生变化。这类成本一般在生产过程开始后才会发生，并且与内部考核紧密相连。

固定成本在一定时期和一定业务量范围内都是固定的，不会受到业务量的增减而产生变动。就像厂房建设和机器设备的购买一样，基本上需要在生产过程开始之前就要落实到位。一般来说，固定费用越高的企业，越是偏重重资产。这类企业的负担相对较重，重资产项目往往会消耗大量利润，企业赚到的钱往往又会消耗在运营资本增加、企业的扩张以及资本性支出上。一旦投入产出比例失衡，企业的存活率会非常低，即便是出售公司资产，重资产也会面临变现困难、低价出售的尴尬局面。也正是因为如此，企业需要不断降低自己的成本负担，尽可能削减固定成本，努力向轻资产模式过渡。

什么是轻资产模式呢？以房地产公司为例，很多地产公司推出的主要产品就是城市综合体，这种产品模式通常体现为建设一个大型广场，然后在旁边配套建设写字楼、商铺、超市、住宅等，公司会把配套物业销售出去，所得现金流则继续投资公司持有的广场。这些公司会自己经营广场，而广场的所有收益也归它们所有，这种模式就是典型的重资产模式。有的地产公司会在投资建设广场的项目中，让其他合作方出资，地产公司则全权负责选址、设计、建造、招商和管理，所产生的租金收益，地产公司与合作方按一定比例分成，这就属于轻资产模式。这种模式下，地产公司根本不用出钱买地，不用出钱建造广场、商铺和写字楼等。

轻资产模式指的是企业需要紧紧抓住自己的核心业务，然后尽可能将非核心业务外包出去，坚持实行以价值为驱动的资本战略的一种运营模式。和重资产侧重于赚取资产升值收益不同的是，轻资产开始走向赚取增值服务收益，像代工品牌溢价、物业管理、商业运营、其他衍生收益和金融服务过程中的提成收益，都属于这一类。

打造轻资产模式，是企业增加现金流，提升风险抵御能力的重要保障。企业可以将用于固定成本支出的那部分钱直接用来强化核心业务，这样就会继续放大自己核心竞争力的优势。那些外包业务属于非核心业务，也常常是企业不擅长且回报率低的业务，企业没有必要在上面花费更多的成本，将其外包出去反而可以利用外包公司的优势解决问题，同时有效节约成本。

企业在打造轻资产模式时可以有效利用好三个实用的杠杆。

首先是资产杠杆，企业可以利用并整合存量关键资源，以更少的投资和更简约高效的系统，去获取更大的收益与回报。

其次是负债杠杆，企业完全可以通过轻资产的模式降低库存，减少应收账款和有息负债，以更低的风险和更少的资本消耗，来实现高效的运营。

最后是价值杠杆，企业完全能够通过轻资产模式来获得更高的收益和更快的成长。轻资产模式下的资产具有成长价值和价值实现效率高的特点。

像可口可乐公司、耐克公司，在全世界范围内拓展业务时，根本不需要自己有太多的投资，只需要借助品牌效应拉拢更多的合作商，就能够轻装上阵，占领全世界的市场。它们都是轻资产输出的代表，关于轻资产的输出以及轻资产管理，最早是麦肯锡管理咨询公司提出来的。在20世纪80年代，麦肯锡管理咨询公司针对国际市场上众多大公司遭遇的盈利空间压缩、运营成本上升、转型困难等问题，提出了走轻资产道路，强化轻资产管理的理念。

企业在走轻资产道路时，需要提升自身产品的附加值，因为只有具备高附加值，企业的产品才能赢得社会的认同和市场的认同。此外，企业需要想办法打造IP，提升品牌价值，当企业的品牌价值得到有效提升之后，商业价值、市场影响力和盈利能力也会大幅攀升。而这一切的根源就是强化核心业务与核心技术的优势，打造更为强大的无形资产，并通过无形资产来提升价值和影响力。

企业还要想办法提升运营能力，打造更加顺畅的运营链条，并且注意保护和强化链条上每一个环节，强化各个环节之间的衔接性，确保它们都可以高效地发挥作用，推动利益体集合达到利益最大化。如果运营链条出现问题，或者链条上的某一个环节断裂，就会导致整条运营链瘫痪，陷入困境。

随着互联网产业、人工智能的发展，轻资产模式的转化逐渐成为一个趋势，企业需要想办法增加轻资产的比重。需要注意的是，并不是所有企业都适合走轻资产之路，企业需要对自身能力做出针对性的评估与梳理。如果企业在重资产方面具备明显的竞争优势，就不要轻言转型，或者说企业的产品附加值不高，品牌价值和知名度都不高，那么也不要急于打造轻资产模式。企业还要了解自己的经验时长以及管理规模，这也是影响轻资产管理模式成功与否的因素。此外，企业也不要一下子就试图从重资产模式过渡到轻资产模式，需要针对自身的发展情况逐步降低重资产的比例，提升轻资产的比例。在这个转化的过程中，要做到轻重结合，发挥出轻资产的优势，同时规避轻资产的缺点，比如减少无形资产价值创造的不确定性。

章节须知：

改变传统的预算观念和模式

随着市场经济体制的完善，随着竞争的日益激烈，企业想要在市场上获得更多的生存空间，想要保证利润的最大化，那么就要变革预算模式。传统的预算模式使用传统预算法，企业会以上一年度的经费为参考，进行一定比例的变动，从而形成这一年度的预算。这种预算方法简单快捷，但是精准度并不好，因为这种预算模式的逻辑有一个基本前提，那就是上一年度的支出项目都是必要且不可或缺的，在下一年度也有延续的必要。在现实操作中，这样的逻辑很容易产生问题。

比如，当某部门在分析上一年度的支出时，会刻意增加预算，然后将新预算提交领导审批。领导觉得这样的预算方案符合规定，于是不仔细审核，就同意了这个新的预算。结果，上一年度的预算给企业造成了很大的资金浪费，而这种浪费又会延续到下一年度。假设领导在审批新预算时，意识到了预算中存在很大的水分，于是直接砍掉部分预算，这种粗暴的方式很容易导致那些真正需要资金的部门和项目面临资金问题，甚至对整个流程产生严重的影响。

在现实生活中，企业为了顺利完成年度目标，预算往往会适当调高一些，一些部门甚至会刻意增加预算，而这样做无疑会增加很多成本，严重压缩企业的利润。

1958年，英国著名的历史学家、现代哲学家西里尔·诺斯古德·帕金森（Cyril Northcote Parkinson）提出了著名的帕金森定律：需求总是会不断扩展，以匹配获得的供应量。帕金森定律也叫诱导需求，它在日常生活中很常见。比如，随着交通拥堵的增加，大量的道路会被扩建，可是在道路不断扩建的过程中，交通拥堵的情况并没有得到任何缓解。为什么会出现这种奇怪的现象呢？因为当道路扩建时，会有更多的汽车出现在道路上，并重新塞满车道。

同样地，人们去那些盘子很小，食物分量偏少的餐厅吃饭时，每次吃的食物不多，可是当他们进入那些餐盘很大，食物分量更足的餐厅吃饭时，会吃掉更多的食物。在工作中也是如此，一项工作如果要求执行者三天必须做完，那么在第三天的时候，执行者能够顺利完成任务；可是如果这项工作被要求在一天之内完成，那么执行者会充分利用时间，在一天内完成任务。

帕金森定律指出了一个普遍的社会现象，那就是人们在拥有更多的资源时，对资源的消费和消耗也越多。对企业来说同样也是如此，当企业给出5000万元的预算做某个项目时，项目可以轻松完成，可是在企业给出4000万元的预算时，可能同样会顺利完成项目。反过来也是一样，当一个项目增加预算时，并没有比之前的预算产生更高的绩效和效果。

正因为如此，企业需要更为合理地控制好自己的预算，确保每一笔开支都得到精确的计算和评估，这不是简单地花小钱办大事，而是要确保每一分钱都用在刀刃上。过去那种传统预算法已经不适合了，随着管理制度的完善，企业的预算机制也需要做出改变，努力从传统预算向战略预算转变，积极推行全面预算管理。

全面预算管理是指管理者对企业各部门、各单位相关的财务资源及非财务资源进行科学合理地分配、审计、控制，推动企业经营活动有条不紊地进行，最终实现利润最大化。全面预算管理是一种企业全员参与的预算管理模式，目的是实现合理的成本控制，而企业如果可以在生产经营活动中最大限度地控制好成本，就能够占据更多的竞争优势，同时获得更大的盈利空间。全面预算管理是一种战略预算模式，可以实现企业资源的优化配置，帮助企业在降低生产成本、运营成本方面获得更大的优势。

在落实全面预算管理的时候，一般需要按照既定的流程展开相应的管理工作。首先，企业先要制定合理的战略规划，设定一个大致的战略目标和战略方向。接着，企业要对战略规划进行分解，分解成年度目标，包括经营目标、财务目标、投资目标、薪酬目标、创新目标等。然后，企业会对战略分解后的年度目标进一步进行分解，设定预算编制，预算编制包含了经营预算、项目预算、费用预算、投资预算、财务预算、综合预算。当企业进行到这一步之后，就要对相应的执行情况进行分析，对各板块经营的主要指标进行分析，对薪酬执行情况进行分析，对投资付款进度、可控费用控制、损益表主要指标进行分析。考虑到企业总是处于不断变化的状态，外部的环境也不断发生变化，因此整个预算要保持一定的灵活性和动态性，即企业要对各板块经营、动态项目投资、损益、现金流进行滚动预测。最后，企业要对具体的绩效进行评估，包括对运营管理指标体系、战略指标体系、财务管理指标体系、行业指标体系做出合理评估。

需要注意的是，企业的预算应该以客户为中心，由外而内生成，客户和客户价值是企业预算生成的起点。从某种意义上来说，预算是客户价值在企业内部的投影。而预算管理虽然是为成本控制服务的，但不能单纯地用成本控制思维来做预算，因为这样做会导致企业产生"拧毛巾"思维，总是想办法将多余的"水分"（开支）拧出来。对于企业来说，良性的运作模式是建立在耗散结构的基础上的，企业设计需要适当增加一些冗余设计，就像预算要略高于理论上的最低成本消耗一样。这些多出来的空间可以让企业在成本控制中存在更多缓冲的余地。

第五章
强化内部资产管理,挖深企业的利润池

在企业规模逐步扩展的情况下，内部资产管理显得尤为重要。内部资产管理不仅是企业加强内部控制的需要，还是做好企业风险防范的需要，同时也是增强企业竞争力的需要。强化内部管理是效益提升的重要源泉之一。企业效益的源泉主要有三个方面，即科研、市场、内部管理，三管齐下才能实现企业效益的最大化，不可偏废任何一方，否则企业效益就会付之东流。

剥离不挣钱的业务，去除不良资产

追求效益最大化一直都是企业经营管理的目标，为了确保可以获得更多的利润，不同的企业会选择不同的策略。有的企业会走多元化道路，在它们看来，只要自己涉猎的范围足够广，只要自己经营的业务范围够广，那么就有机会获得更多的收益，整个企业的利润也就越积越多。但这种多元化策略存在一个问题，那就是人们不能理想化地认定自己经营的每个项目都有机会挣到钱。相反地，人们需要认清一个现实：经营的业务越多，经营范围越广，遇到的低价值业务也越多，带来亏损的项目自然也就越多。一方面，经营的业务和项目越多，遇到不好业务的概率也在增加；另一方面，过多的业务和项目会分散企业的精力，导致企业无法集中资源做好每一个项目。何况每一个企业都有自己的优势和弱势，盲目经营不擅长的项目，企业很容易面临亏损。

优秀的企业家一般会打造资产组合，他们不会盲目增加业务和项目，而是选择少数几个真正盈利的项目，至于那些不能挣钱或者盈利空间很小的项目，他们会果断放弃。许多企业在评估利润时，会选择从宏观上进行分析，只要整个企业还在盈利，就认定当前的所有投资都是合理的、高效的。实际上这里存在一个问题：整个企业挣钱与企业当中每一项业务都挣钱是不同的概念。整个企业最终盈利并不意味着企业的发展就是良性的，也不意味着企业的资产组合和投资项目组合就是合理的。

假设某公司拥有7个较大的投资项目，每年这些项目都可以为企业带来7000万元的净利润。可是如果将7个项目进行逐一分析，就会发现这些投资项目中，只有4个重要项目产生不错的利润，而其他3个项目中，有一个根本没有盈利，另外2个处于亏损状态，基本上每年都要亏掉1000多万元，只不过由于那些重要项目的盈利很不错，完全掩盖了其余项目的亏损。这个时候，如果企业可以将资源进一步集中在那些能够带来盈利的重要项目上，而剥离和放弃那些无法创造价值的项目，那么企业的盈利能力会进一步得到提升，利润也会突破8000万元。

如果从保守的态度来看，相比于找到那些能盈利的项目，找出那些不能盈利的项目更加重要。这是因为不能盈利甚至直接造成亏损的项目，会影响到资源的合理分配，导致那些真正能够创造利润的项目被搁置，同时稀释掉获得的利润。

对企业来说，想要确保利润池蓄满水，那么首先就要确保池子里的利润不会流出去，它们必须保证自己不会被那些制造亏损的业务拖累，保证自己不会受到不良资产的影响。

企业需要打造一个合理的筛选机制，就要定期查找，将不挣钱的业务全部排除。一般来说，管理人员需要定期查看各项业务、各个项目的经营情况，了解它们的盈利，看看它们消耗的成本，评估它们在未来一段时间内的成长空间。有的项目虽然一开始比较挣钱，但是未来没有什么发展空间，因此企业没有必要在这样的项目上进行投资，应该尽早放弃和远离。有的项目长时间处于亏损之中，未来的形势很不明朗，企业没有必要继续下赌注，不如提前放弃，直接剥离相关业务。有的项目处于波动之中，有一点盈利之后很快会产生亏损，无法保证持续而稳定的收益，企业也要将这样的项目踢出项目投资组合。

想要抛售或者放弃那些不挣钱的业务，还需要想办法摆脱"凑数"心理的影响和"沉没成本"的干扰。凑数心理是指企业为了投资而投资，为了经营项目而打造项目组合，这种企业总是不断寻找新的业务来满足投资的需求和扩张的需要。它们缺乏足够的耐心，不能像优秀企业那样在市场上持续搜寻和等待，把握绝佳的商机，只能通过不断地尝试来填补和凑足一个组合，这样做只会让企业在不断地尝试中浪费资源。一些企业在明知道某项业务不挣钱的前提下，仍旧保持对项目的持续投入，就是担心自己找不到更好的替代性业务，所以只能继续投资，这种凑数心理只会让企业的利润持续流失。

对于企业来说，资源是非常有限的，面临的困难也很多，所以必须保证每一笔开支都能够创造利润。如果没有找到创造利润的点，没有好的项目，就不要急于投资，不要想着去经营业务，先保持手里的资金充足，只要手里的资金充足，就可以继续等待更具盈利空间的好项目。

此外，企业还会受到沉没成本的影响。很多企业虽然业务经营产生了亏损，但是企业家和管理者并不舍得放弃这个业务和项目，因为企业已经投入了不少的人力、物力、财力，大量的成本注入会让管理者产生不甘心理。毕竟一旦放弃这些业务，就意味着之前的投入血本无归，而继续坚持，至少还有一个期待，期待某一天项目会好转。沉没成本会导致管理人员无法及时止损，最终导致利润池持续走低。

也正是因为如此，企业需要改变错误的经营思维，尽可能做到不亏损，尽可能避免企业在一些低价值或者无价值的业务上浪费成本。因为减少亏损，本身就是提升利润的一种方式。

坚守"二八法则",实现业务聚焦

优秀的企业懂得坚守"二八法则",按照"二八法则"来说,企业中80%的利润来源于20%的关键项目,80%的利润也是由20%的优质客户创造的,因此企业需要重点关注那些能够创造大多数利润的关键项目,需要重点关注那些能够带来更大利益的客户。

在聚焦那些关键项目时,企业的管理者要学会使用减法,想办法减少那些不合理的项目投资,或者价值不高、回报不高的业务,将能量集中在那些最能产生利润的业务和项目上,重点经营和管理。就像一个年回报率达到45%以上的项目,和一个年回报率只有12%的项目,对比之下,企业自然要重点关注年回报率更高的项目。在对待两个项目上,所投入的资源、精力必定也会存在差别,不可能完全等同对待、均衡投入。

假设公司拥有2600万元的流动资金,那么大概率不会平均分配,将1300万元投入到年回报率达到45%以上的项目上,然后将另外1300万元投入到更低回报率的项目上。为了确保利润最大化,企业会尽可能将更多的钱用于投资高回报的项目,也许是2000万元,也许是2500万元,甚至全部的资金。从企业发展和盈利的角度来分析,选择能够带来更大利润的项目是毋庸置疑的,企业必须想办法确保实现利润最大化,必须为接下来的发展开通更合理更高效的发展通道。

集中投资模式是增加利润的最佳选择，企业要尽可能明确"哪些项目会带来更大的利润""哪些项目发挥重大作用"。为了更好地了解那些关键项目，企业需要对自己实施的相关项目进行价值评估，了解它们当前的盈利能力以及未来的盈利空间。然后，依据评估的结果进行筛选，找出那些最重要且处于最优利润空间的项目。

很多欧洲企业在经营产品或者项目时，会采取逐步筛选、逐步淘汰的方式。比如，它们可能一开始会选择10个潜在的项目，经过仔细的分析和评估，找出其中有较大增值空间的6个项目，在确定项目之后开启第二轮筛选，以更加严格的要求和更加丰富的审核指标进行评估，将项目控制在4个左右。接着，结合自身的实力和所处的环境，企业会继续缩小经营范围，争取将项目筛选到1个或者2个。正是通过这种层层筛选的方式，企业可以将资源集中在那些能够起到重大作用的项目上，确保利润最大化。

业务聚焦无疑是企业增加利润的一种有效方式，这里谈到的聚焦并不一定就是将所有资源集中在一家企业身上，聚焦的核心还是对业务和项目潜在价值进行分析。高价值的项目才值得投资，因此企业需要找到挖掘和评估项目价值的方法。

需要注意的是，所谓的项目聚焦并不是一成不变的，企业的重心会随着环境的变化发生移动，因为即便是一些好的项目，也无法保证长久的竞争力和盈利能力，它们最终也会被更优质的项目替代。因此，企业要不断寻求更高价值的项目，确保整个资产组合或项目组合保持强大的盈利能力。

除了聚焦关键项目之外，聚焦关键客户也至关重要。企业在拓展业务以及寻求合作的时候，需要重点把握少数最优质的客户。这些客户可能是产业链上非常重要的参与者，或者在行业生态中扮演重要角色，企业的大部分收益都是这些客户带来的，他们能够影响企业的发展，甚至直接决定企业的生存。正因为如此，企业如果想要获得更稳定的发展，就要想办法拉拢20%的优质顾客，强化彼此之间的联系（包括经济联系和情感联系），确保双方的合作不会轻易受到外界环境的影响。

这些优质的客户包括一些能够提供大订单的大客户，他们是企业的销量保障金额收益保障；优质客户也包括一些在关键项目上发挥关键作用的客户，他们或许并不能直接带来大订单和惊人的利润，但也是整个产业链上非常重要的一环，可以更好地衔接不同企业，推动行业合作，推动企业在行业中占据重要位置。

在选择这些优质客户时，人们不要将目光局限于当前可以带来多少利润，还要评估他们对企业未来发展的推动作用。谁决定了企业未来的发展，谁能够成为企业未来发展的强大动力，谁就是优质的客户。也正是因为如此，很多优秀的企业在坚持以客户为中心的经营管理理念时，会着重强调那些能够塑造未来的客户。这些客户的偏好、观点，他们在日常消费和交易中所展示出来的行为，以及提供的各种解决问题的方案，在当前看起来或许有些不入流，甚至让人觉得不伦不类，但他们的行动往往代表了未来行业发展的趋势，代表了未来主流的行业行为。了解并重视这些客户的偏好，可以帮助企业做出预测，并提前做出规划和业务部署，尽可能早地制定市场上的游戏规则，从而保证自己占据更大的竞争优势。

总之，企业需要在成熟、简单、高回报的业务领域中投入更大的精力，减少低价值的业务、供应商和客户，减少低回报的产品和服务，专注于利润最高的那些选项，这样就可以确保利润的最大化，同时有效削减成本，确保资金效用的最大化。

整合内部资源,构建更高效的业务组合

从企业竞争的角度来分析,单一的业务很难在市场上获得太大的优势,企业新竞争战略策划,往往重在打造和强化高效业务组合。尤其是那些单一业务效能偏低,无法获得太大发展空间的企业,需要在现有条件和资源内整合内部资源,构建更加高效的业务组合。

企业构建业务组合,核心在于持续挖掘企业的产业级竞争优势,通过更高效的业务组合来放大企业优势,借助品牌战略驱动来推动内部的创新以及营销效率。在打造业务组合的时候,通常要坚持几个原则:聚焦核心业务、突出优势业务、夯实基础业务、把握利润型业务、关注新业务。企业需要优化业务结构,明确业务组合的边界,同时明晰各项业务在组合中所扮演的角色,充分发挥出各项业务的优势,提升业务组合的竞争力和价值创造能力。

美国哈佛大学教授迈克尔·古尔德和安德鲁·坎贝尔等人提出了母合优势理论。多元化公司凭借母体组织(总部)可以对各业务单元施加影响,并由此创造更多的价值,或者多元化公司母体组织能够比竞争对手创造更多价值。这种创造价值的优势就被称为母合优势,母合优势本质上就是公司一种核心能力。这个理论强调了企业的业务单元必须与企业总部母合优势相适合的模型,而企业总部也需要发展与业务单元相契合的母合优势,也就是说,各业务单元必须与公司总部的定位、核心能力结合起来,母体组织的特征与

业务单元的关键成功要素之间要进行匹配。

按照母合优势理论,企业需要打造一些符合自身定位、匹配自身发展特征和战略需求的业务组合,确保各项业务可以组成一个高价值、高利润,且具备可持续发展的组合。

以谷歌公司为例,谷歌公司作为全球最大最优秀的互联网公司之一,多年来打造一个强悍的业务组合,这个组合中包含了谷歌公司开发的Android系统、搜索、YouTube视频、软件应用、谷歌地图、Gmail、云计算、AI和广告业务等互联网核心业务。谷歌公司的主营业务基本上都集中在互联网领域,而且大都是软件产品。而除了这些主营业务之外,谷歌公司还积极拓展硬件业务,旗下的Alphabet所运行的硬件业务就包括智能音箱Home、媒体设备Chromecast、Nest摄像头、恒温器,以及Pixel系列智能手机。

如果仔细分析,就会发现谷歌公司拓展的硬件业务与公司的技术研发实力完全匹配。如果说软件实力是谷歌公司的核心优势,那么硬件业务的发展则是在这种技术优势上的产业延伸,两者之间的组合是符合谷歌公司多元化发展战略的,也是契合谷歌公司母合优势的。不仅如此,硬件业务与软件业务相互补充,硬件产品完全可以借助软件产品的优势,成为公司新的利润增长点。

从企业发展的角度来说,业务组合应该产生效益叠加的效果,不同业务具有不同的竞争优势,具有不同的影响力。而当它们组合在一起的时候,应该形成一个更具竞争优势和影响力的价值创造组合,应该推动企业变得更加完善、更加强大,能够将企业的核心竞争优势进一步提升。正因为如此,企业需要认真进行分析,了解每一项业务的特点,了解企业的战略需求和发展趋势。然后，在不同业务当中要寻求一个最佳组合，而在打造业务组合的时候，则需要做好以下几项工作：

1.进行业务梳理与优化。主要是指企业对现有业务进行深度分析，了解哪些业务盈利能力突出，哪些业务回款更快，哪些业务可以形成有效的互补，哪些业务具备持续发展的潜力。企业需要及时调整那些非核心业务、低效业务、亏损业务，重点关注那些高收益、高周转的业务，以及那些互补性很强的业务。

2.合理的多元化策略。从发展的角度来说，企业需要将资源、资金、技术集中在优势项目和主营业务上，但考虑到资金的流转以及市场趋势的变化，企业可以适当推行多元化策略，在发展主营业务的基础上，拓展新的业务和利润增长点。一般来说，企业可以选择一些互补性强的业务，一些资金回报率高且周转快的业务，一些符合公司发展定位和战略要求的业务，构建一个高效的多元业务组合。

3.借助数字化实现转型。这是当前社会发展的一个趋势，企业想要拓展业务，拓展业务的盈利空间，就要跟上时代发展的需求，利用大数据、云计算、人工智能等先进技术，推动企业内部业务流程走向数字化、智能化。利用数字化、智能化技术帮助企业进行业务整合，提升资金利用效率、资源使用效率以及决策的准确性。

4.打造资源共享机制和平台。为了推动资源的整合，企业需要保持内部开放的姿态，通过构建一个共享平台来推动资源的有效整合，让不同部门、不同业务、不同层次之间协同作战，形成良性互补，提高工作效率和资金利用效率。

需要注意的是，企业在进行资源整合与业务组合时，必须想办法控制好潜在的风险，包括资金分配不均造成的内部矛盾、业务适配度不佳产生的低效、业务重新组合对原有部门的损害、重新组合的流程控制不严导致的漏洞。企业需要建立健全的风险管控机制，认真监管业务相互组合的过程，并对组合后产生的效用进行预估，最好可以将其放在战略高度上来规划，并结合实际情况逐步实施。

加快资金的周转能力,提高赚钱速度

著名的经济学家、教育学家马寅初曾经在某个讲座上说过一个故事:"有个赶考的书生到旅店投宿,拿出十两银子,挑了该旅店标价十两银子的最好房间。店主立刻用它到隔壁的米店付了欠款,米店老板转身去屠夫处还了肉钱,屠夫马上去付清了赊欠的饲料款,饲料商赶紧到旅店还了房钱。就这样,十两银子又到了店主的手里。这时书生过来说,房间不合适,要回银子就走了。你看,店主一文钱也没赚到,大家却把债务都还清了,所以,钱的流通越快越好。"

在这个故事中,钱的快速流通直接解决了大家的经济问题,而这样的方式在企业经营管理中同样适用。只要钱一直在流通,那么整个产业链就可以运行下去,整个企业也可以顺利运行下去。资金的周转往往就是资金转化的过程,从周转过程来说,企业的经营过程通常包含了三次主要的资金转化过程:第一次是原始资金转化成企业发展所需资源的采购过程;第二次是购买的资源转化成产品的生产过程;第三次是生产出来的产品转化为资金的销售回款过程。企业只要加速这个过程,那么资金的流通情况就会越来越好,企业的盈利也会不断增加。

缩短这三个过程就意味着加快资金的周转次数,提高资金的周转效率,这是企业经营的一个重点,更是提升现金流与利润的关键。反之,如果资金的流通不畅，资金流通速度很慢，那么产业链的运行就会受到影响，企业也可能会因为资金流转不及时导致资金短缺，影响企业的发展。

以汽车制造为例，为什么很多企业进军汽车产业后赔得血本无归？很多时候并不是单纯的技术问题，而是因为汽车制造是一个非常耗钱的项目，而且耗时很长，企业从汽车研发到汽车生产再到汽车销售，往往需要一个漫长的积累，绝不是几个月或者一两年就可以完成的。一般来说，汽车的研发周期大约是4年时间（也有一些汽车制造商的研发周期只有2~3年），这还是针对那些拥有一定技术积累的企业而言，至于那些毫无经验的企业，研发时间可能会更长。

整个研发过程通常被称作"全球整车开发流程"，包括零部件的研发和集成、系统验证（部件样品和样车的试验、制造）、汽车制造与质量控制。汽车的部件通常在1500个以上，有的突破了2000个，而每一个部件都需要花费大量时间研发，即便是从外部采购，也需要严格审核。将这些部件研发出来，并集成在一起，也是一项烦琐的工作。通常情况下，一个部件会制造出上百个样品进行验证，在组装成样车时，同样需要上百辆样车来验证。这样的工作量并不是所有企业都可以承受的，更别说汽车制造过程中存在的各种技术尝试以及质量审核了。

经过了漫长的研发周期，企业还要经历漫长的生产周期。为了生产更多的汽车，企业需要花费大量资金，确保原材料、人力资源、技术、设备、厂房都要及时跟上，只要有一项工作不到位，汽车生产工作就会受到影响。漫长的周期使得资金流转速度减缓，很多资金原本就不充足的企业容易遭遇资金链断裂，最终只能放弃继续研发和生产。

即便企业具备了一定的产能,但汽车的销售同样是一个很大的考验。考虑到汽车市场激烈的竞争环境,一个新出现的汽车品牌想要进入市场,想要占领用户的心智,难度很大,可能需要经过数年时间的营销工作才能提升汽车品牌的存在感。而事实上,大多数企业根本无法做到这一点。

正因为汽车行业从投资到回报的周期太长,很容易导致资金面临短缺问题。这属于行业属性的问题,而在其他行业中,资金周转率可能和运营效率、业务模式、资金管理、库存管理、投资策略等因素有关,企业想要提升资金周转率也需要从这几个方面入手。

1.提升企业的运营效率。简单来说,就是通过流程优化、精益化生产等方式,提升工作效率,从而有效降低成本、提高产出、压缩生产时间,从而保证资金的及时流转。

2.优化库存管理。优化库存的核心在于减少库存积压,为此,企业需要对库存量进行精准预测和控制,尽量做到按需采购、按需生产、将库存量维持在一个合理的水平[①],加速资金周转。

3.提高应收账款与应付账款管理效率。对于企业来说,必须尽可能减少应收账款,及时将客户拖欠的款项收回来,填补资金池。有必要的话,企业应该缩短应收账款周期,及时催款,或者设置预付款、分期付款等方式,加速资金回笼。企业还需要合理利用供应商提供的还款期限,科学合理地制订支付计划,在确保企业信誉不受影响的前提下,想办法延长应付账款的支付周期。

---

① 库存量不能太大也不能太小,太大的话会造成产品积压,增加管理成本和消耗;太小的话会导致无法及时供货,影响收入。

4.强化内部的财务管理。为了保证企业拥有更充足的资金，企业需要打造更高效的财务管理系统，实时监控现金流，制定更合理的预算与发展规划，制定更合理的资金分配制度，保证每一笔资金的功效可以最大化。与此同时，有必要的话，可以进行融资，通过短期贷款、低息贷款等方式筹集资金，优化资本结构，提高资金使用率。

5.适当拓展一些周期短的业务。为了更快地筹集资金，企业可以选择一些短周期的业务，快速回笼资金，为其他项目的生产提供资金支持。

6.强化风险管控。为了确保资金的正常流转，企业要制定更严格的资金监管措施，要对每一笔资金的流动进行分析和管控，确保资金不会流失，确保每一笔资金的来源和走向都是合理的，从源头上保障资金使用的安全和效率。

总之，企业需要全方位、多维度地管理资金，从内部运营环境到外部市场环境，都要认真把握，确保经营策略和资金管理模式必须针对性地做出灵活的调整。

收购高利润、高回报的企业

对多数企业来说,好的投资项目和业务并不多,想要将好项目经营好并不容易,因为当好的项目出现时,市场上往往会出现众多竞争对手。这些企业或许拥有强大的实力,拥有丰富的资源,拥有出色的商业模式,拥有出众的经营管理能力。对任何人来说,它们都是潜在的强大对手,都是实现企业规模扩张和利润增长的阻力,不过企业往往可以使用一些更具技巧的方式把握住那些高回报、高利润的行业与项目,最常见的就是收购和兼并那些高利润的企业。

收购或者兼并企业往往具有很大的优势:首先,企业想要把握住一些好的项目,并将其做大做强,往往需要从零开始,成长的成本和代价太大,而且还要面临时间成本的风险;而通过收购,企业就可以跳过漫长的建设期,直接借助被收购公司的产品、技术、市场影响力、品牌影响力来实现业务的快速扩张,在相关领域站稳脚跟。通常情况下,企业可以将被收购公司作为一个进入新行业的跳板,企业不仅可以获取丰厚的利润,还能够借助被收购公司的影响力,在新行业内积极拓展业务,实现业务转型。

其次,企业可以从被收购公司那儿获取优秀的资产,包括技术、资源、人才、品牌、客户资源、营销渠道等核心竞争力,直接强化自身的实力,同时提升自己的运营能力、竞争力、盈利能力,以及品牌影响力。企业可以直接将被收购公司当成一个新的业务增长点和利润增长点，而且相关的资源整合，有助于企业进一步降低成本，增加公司的价值。

> 腾讯公司多年来就非常擅长投资和收购，通过这些方式来打造多元化的经营策略，构建自己的商业帝国。比如，2014年，腾讯为了提升自己在网络文学领域内的影响力，直接花费50亿元人民币收购盛大文学。当时的盛大文学旗下包含了起点中文网、榕树下、潇湘书院、红袖添香、悦读网、小说阅读网、言情小说吧、天方听书网及众多全国知名出版社、图书公司。腾讯收购盛大文学后，腾讯文学和盛大文学正式合并为"阅文集团"。2018年5月1日，腾讯斥资5000亿韩元（约合人民币29.56亿）完成了对《绝地求生》的母公司蓝洞部分股权的收购；2020年8月，腾讯公司又花费5000万美元收购了短视频工具服务商VUE。
>
> 类似的收购还有很多，而腾讯之所以选择收购这种最直接的方式，就是希望公司可以在最短时间内进入那些利润区，然后输出和强化自己的影响力，帮助自己在新行业、新领域内站稳脚跟。腾讯公司依靠收购这些高利润的优秀企业，迅速增强了自己的实力。

相比于自己挖掘和开拓市场，收购高利润的企业，是一种相对简单直接的发展模式。企业可以通过收购在短时间内提升利润，实现对市场的精准掌控。

那么，该如何收购高利润企业呢？

企业首先应该明确自己的战略目标，弄清楚自己需要收购什么行业的公司，需要收购什么类别的公司，然后认真在市场上搜寻那些高回报、高利润的企业。企业可以先确定几个印象不错的选项，并对潜在的选项进行价值分析，正确评估这些公司的内在价值，然后选择最适合自己的目标公司。

需要注意的是，企业对于高利润、高回报的定义不能仅仅停留在当前的营业收入上，而应该看重企业未来的成长趋势与价值增长空间。企业应该立足未来，考虑目标公司在未来一段时间内的发展态势。比如，有的企业现在仍旧处于亏损之中，但是企业完美把握住了时代发展的机遇与行业发展趋势，加上企业自身的实力，其未来的发展空间很大，有成为一家优秀公司的潜质，收购方绝对不能错过这样的潜力股。

在选中目标公司的时候，不要急于谈判，可以先全面了解对方的相关信息，包括现金流、负债结构、资产结构等财务状况，同时对公司产品和服务的合法合规性进行调查，对公司掌握的技术、知识产权、客户关系、市场份额、供应链、人力资源、重要合同等基本信息进行充分了解，并重点了解对方是否存在重大诉讼或仲裁，以此作为评估目标公司的依据。

在收购的时候，要权衡企业所花费的成本和日后的回报。如果对方的报价太高，而潜在的收益评估并没有对成本形成太大的优势，甚至可能比投入的成本还要少，那么企业就要果断放弃这一次的收购，或者想办法通过谈判继续压价。

为了减少收购成本，企业可以选择在市场不景气或者经济危机的时候入场，收购那些成长空间很大但是被市场严重低估的企业。一般来说，在市场不景气的时候，收购方更容易捡漏，也更容易掌握谈判的主动权。还有一点，企业可以收购那些价值未被认可，或者没有完全展示出来的潜力股，这些目标公司同样可以通过低价收购。

章节须知：

什么样的资产能够真正创造利润

对于企业来说，利润通常只来源于那些优质的资产和项目，这些才是形成利润池的重点。那么，什么样的资产才算是优质资产，什么样的资产才能够持续创造价值，并保障企业利润最大化呢？

在经营管理和投资中有一个著名的护城河理论，简单来说，一家公司想要在市场上获得更强大的竞争力，想要具备持续盈利的能力且不会被竞争对手所威胁，就需要设置更高的行业壁垒。什么是行业壁垒？举一个简单的例子：某个人想要研发一款新产品，那么为了在行业中更长久地生存和发展下去，就需要确保不会有其他竞争对手威胁到自己，这个时候他要做就是设置高壁垒。比如，该地区只有他一个人具备研发技术，其他对手没有办法模仿；研发的成本很高，普通人根本没有实力去搞研发；该地区只有他一个人拥有研发和生产的资质，别人没有办法去研发和生产。

设置高壁垒的目的是阻挡更多竞争对手进入市场，这样就可以提升自己在行业内的话语权和影响力，从而在产品定价、产品销售、产品认知度方面获得更大的优势。而想要设置高壁垒，最好是打造一条很宽、很深的护城河，确保所有的对手都无法对自己的阵地造成威胁和伤害。对于企业来说，品牌力、产品特性、销售网络、特许经营权都是护城河的来源。

比如，品牌力很强大的企业，其产品往往拥有很大的溢价，这是因为品牌本身就是很好的IP，可以有效提升产品的利润空间。在现代经营和管理体系中，品牌资产是企业重点关注的资产类型之一，企业应该积极打造品牌知名度、品质认可度、品牌联想等指标，提升品牌的影响力和溢价能力。品牌溢价能力是企业获得更高售价、更高利润率、更好盈利的重要保障。

一双质量差不多，性能差不多，外形也差不多的鞋子，为什么有的企业可以将其卖到2000元，有的企业只能卖180元？原因就在于品牌价值不一样，品牌力更强的鞋子往往可以在成本价的基础上翻倍，而那些没有品牌价值，或者品牌价值很低的鞋子，往往只能低价出售。

产品与众不同的企业具有很强的市场影响力，即便价格再贵，也有大量客户愿意掏钱购买。这类企业往往拥有出色的产品性能，在某些方面甚至独树一帜，遥遥领先，这就强化了产品的差异化竞争优势，对产品的营销和定价都有很大的帮助。

以苹果、三星为首的智能手机，之所以能够在短时间内打败了以诺基亚为首的传统手机品牌，靠的就是产品特性，触摸屏技术带来了更大的屏幕以及更好的操作体验，安卓系统和iOS系统更是让手机的操作性能和乐趣得到了质的提升。当智能手机依靠出色的手机性能构建起行业高壁垒之后，传统的手机品牌就无法造成任何威胁了。

销售网络强大的企业，具有很强的营销优势，它们总是可以找到最佳的销售模式，以更低的成本、更高的效率获得更高的利润。在很多时候，它们有能力控制销售渠道来实现资源的垄断和市场的垄断，确保自身在市场上的绝对优势。

比如，海天味业是国内最具竞争优势的调味品品牌之一，它旗下的海天酱油更是国内餐饮市场的龙头老大，占据了20%的市场份额，而排名第二的品牌甚至连它的三分之一也达不到。为什么海天味业以及海天酱油可以在竞争激烈的调味品市场获得这样大的竞争优势呢？很重要的一个原因就在于它拥有强大的销售网络。据统计，海天味业拥有近3000家经销商，近2万分销商/联盟商，直控终端销售网点更是达到了50多万家，已经覆盖全国绝大部分县市。不仅如此，海天味业为了不断巩固自己在餐饮业的地位，开始积极培养、赞助厨师学校，从厨师进学校的那一天开始，就让他们使用海天的产品，以此来增强厨师使用海天产品的意识和黏性。这些厨师毕业后无论去哪里上班，首先想到的就是使用海天味业的调味品，甚至与海天味业公司签订销售合同。

特许经营权通常只有极少部分企业才具备，而且一般分为两类：一类和社会机制相关，通常由政府机构授权，特许企业享有某种公共资源，像烟草公司、军火企业、航空公司免税企业都属于这一类；另一类是企业可以授权其他企业使用它的商标、专利技术等，被授权的公司需要在特许企业的统一业务模式下从事经营活动，并向特许企业支付相应的费用。

可口可乐公司就是典型的特许经营企业，它在全球扩张的过程中，与不同地区的企业进行合作，当地的企业可以使用可口可乐的商标。当一家公司拥有特许经营权时，也就具备了自主定价权，能够通过提高产品价格来获得预期的收益。从某种意义上来说，可口可乐公司具备定价权，完全可以提高产品的价格。

对于企业来说，赢得生存和发展空间的前提就是尽可能打造属于自己的竞争优势，但想要让这种竞争优势最大限度地转化成为利润，就需要在其基础上打造一条"护城河"，护城河就是企业持续盈利的关键。

在打造"护城河"的时候，企业需要针对自身的现实情况进行发展，先了解自己最主要的竞争对手是谁，在哪个方面进行竞争，然后看看自己最大的竞争优势是什么。接着，想办法放大自己的竞争优势，无论是品牌力、产品特性、销售网络、特许经营权，还是其他优势，都要做到极致。只有极致化的状态才能产生强大的竞争力，才能形成巨大的差异化优势，才能持续输出高价值，并获得高利润。

第六章
坚持走创新之路,推动利润的增长

如今企业竞争日趋激烈,为了保持竞争优势,企业必须不断创新。通过创新推动业务增长和提高利润已经成为企业发展中必不可少的一部分,企业要不断优化业务模式和产品服务,并在不断变化的市场中保持强大的竞争力。

升级、更换盈利模式，打造新的利润增长点

对于任何企业来说，它们的生产技术、营销渠道、成本控制、管理模式都有一个上升的极限。一家连续5年实现净利润增长额达到30%的企业，不可能在未来几十年时间里持续保持这种惊人的增长趋势。每一家企业都会在发展到一定程度时逐渐趋于缓慢的状态，并且很难突破瓶颈。想要大幅度提升利润，最简单有效的方法就是打破原来的盈利模式，升级和更换盈利模式，为产品和服务构建更高效的价值交易形态，打造新的利润增长点。

最常见的升级和更换盈利模式就是产品到服务的转化。比如，国内的火锅市场一直非常"卷"，为了吸引消费者，各大品牌不断换着花样更新产品，并通过更加实惠的价格来增加竞争优势，而这样会让火锅市场的竞争变得更加激烈，大家的利润纷纷被挤压。而海底捞为了避免成为红海中的牺牲品，率先跳出了卖火锅产品的单一模式，打造了一流的服务体系，通过最优质的服务来提升品牌黏性，最终大幅度提升了利润。

对于企业来说，想要通过升级和更换盈利模式来提升利润，需要对市场、行业，以及自身的发展状况有更加精准的了解。

首先，企业需要明确用户的核心需求是什么，他们未被满足的痛点又是什么，优秀的企业会主动做好需求创新工作。

比如，某家自行车销售商在销售自行车的时候，就会认真分析客户的需求。许多人常常会觉得那些买自行车的人，他们的核心需求是拥有一辆自行车，可实际上这些消费者真正的核心需求在于更方便、更快捷、更省钱地代步，或者更高层次的需求是为了通过运动来享受生活。如果仅仅只是想要拥有一辆自行车就很简单，人们可以随便买一辆自行车，而销售商要关注的核心问题是人们代步的需求以及健康生活的需求。

为了满足这些核心需求，销售商需要不断丰富自行车的性能，增强它们的代步功能和娱乐生活的能力。但用户也有痛点，那就是自行车也需要定期保养和维修，链条断裂，轮胎的打气和修补，座椅的校准，钢圈的调节，还有就是用户对于不同车型的体验。这些痛点不解决，用户的购买热情就会受到影响，销售商会被迫降价销售。

那么，如何来解决这些痛点呢？销售商可以推出会费的盈利模式。用户只需要缴纳低于自行车单价的会费，就可以获取自行车的使用权，如果用户在规定年限内将自行车归还，销售商将会返还50%的会费。接着，用户需要缴纳一定的年费，享受相应等级的服务，比如免费保养和维修，比如免费更换车型。这样一来，用户就可以有效免除各种烦恼，更加畅快地享受骑行带来的便利和乐趣。正是通过服务费用的设置，销售商成功把握用户的核心需求与痛点，实现了盈利模式的升级与更换。

其次，企业需要明确价值链，并站在价值链上看待发展问题。这里的价值链分为外部价值链和内部价值链，外部价值链主要是指行业中的产业链，即企业需要弄清楚上游、下游，以及其他利益相关者的发展情况，然后进行合理的布局；内部价值链则包括内部息息相关的部门、项目，以及流程上协同作业的团队。想要把握内部价值链，企业就需要将内部各相关利益群体结合起来，不要仅仅停留在某一个部门和某一个项目上，而应该注重企业全局的发展，应该懂得对不同部门的资源进行有效整合。这样就可以帮助企业看到内外部价值链的远端，创造一个可持续的发展空间。

比如，在新能源汽车的产业链中，许多汽车制造商为了增加利润，可能会决定自己生产电池，这样就可以压缩购买电池的成本，因为市面上的大部分电池都被上游的宁德时代和比亚迪控制，这两家企业拥有很大的话语权，对其他车企来说，想要控制电池成本，就需要摆脱这两家企业。不过想要自研电池，需要综合考虑内部的资金分配问题，人员分配问题，项目分布的问题，企业需要考虑自研电池会给其他项目和部门带来什么好处和坏处。

除了在制造方面尽可能压缩成本之外，企业还应该想办法跳出单一的"通过制造获利"的盈利模式，尽可能利用好内部的信息化、智能化技术优势，或者与那些能够提供智能化技术的企业实现强强联合，打造智能网联汽车的商业模式，通过车机系统升级、互联网信息订阅服务、个性化服务套餐、额外的智能驾驶辅助系统等服务项目来拓展利润空间。

对于企业来说，利润的增长并不是单纯的技术堆叠和突破，不是单一项目的持续进化，因为任何事物的发展都有一个极限，企业的盈利项目在发展到一定阶段后也会陷入增长瓶颈之中。这个时候，果断改变原有的盈利模式，通过合理创新以及出色的财务管控，企业可以重新构建更具竞争力的盈利模式，确保企业的利润实现快速增长。

打造可持续的创新模式

拉里·唐斯和保罗·纽恩斯是著名的咨询顾问公司埃森哲的顾问,他们在多年的咨询工作中发现了一个现象,那就是很多创新公司在推出一款爆品之后,会长时间陷入创新瓶颈之中,甚至就此快速走向衰弱。也就是说,这些企业根本不具备持续创新的能力,因此很难在竞争激烈的市场上持续获得优势。

拉里·唐斯和保罗·纽恩斯认为创新技术和理念对市场的渗透能力很强,人们往往有机会在不同的领域、不同层次上获得突围,甚至打造创新性的产品和服务。可是在竞争激烈的市场上,人们对创新的需求越来越高,产品和服务的升级速度也越来越快,而这种快节奏的发展模式超出了很多创新公司的控制能力,他们无法继续推出创新的产品和服务,无法在管理上获得新的突破,甚至也跟不上竞争对手的发展脚步。另外,很多创新能力不错的公司在获得一时的成功之后,往往会陷入习惯性思维之中,它们会觉得只要自己继续按照当前的模式,一样可以获得不错的利润,却忽略了市场日益更迭的需求。

以硅谷为例,几乎每隔一段时间就会有一家富有活力的创业公司出现,这些公司的创造力非常强大,能够给市场带来非常具有想象力的产品和出色的服务。它们是硅谷创新能力、创新文化的代表,但这些公司中的绝大部分都撑不过几年,在推出一款或者两款爆款产品之后,很快就因为市场快速萎缩而丧失竞争力,然后无奈退出市场。这几乎是一种常态,而造成这些创业公司快速陨落的一个重要原因就是创新无法持续,或者说创新领域的耐力不足,它们把握住了市场需求的某一个节点,却无法长久地跟上市场发展的节奏。

拉里·唐斯和保罗·纽恩认为,优秀的企业存在一种内在的基因,这种基因可以在一个更长的周期上维持它们的发展势头。对于那些通过创新来获得利润的企业来说,这种基因同样存在,它们往往具备一种推动持续创新的机制。对于其他企业来说,想要确保自己的创新不会停滞,同样需要打造一种可持续的创新模式。

1.建立创新文化。企业应该构建更加包容的创新环境,应该尊重多元思维,鼓励内部开放式的交流,鼓励员工提出不同的想法和一些看起来不可思议的理念,鼓励员工积极试错,激发员工的思维活力。2018年1月,麦肯锡发布了名为《撬动多元化的潜力》的报告。报告中,麦肯锡对1000多家公司进行调研,重点对盈利能力与价值创造这两个财务指标进行分析,发现当这些公司拥有一个崇尚包容和多元文化的领导者时,整个团队创造业绩的能力更强,而那些不注重多元文化的企业,往往表现得要更差一些。

2.构建创新机制。企业需要设立一些创新机构,包括创新实验室、创新小组,并为员工的创新工作提供专门的资金支持,为员工的创新成果提供展示的平台。为了激励员工的创造能力,企业需要设置合理的薪酬管理制度,以更加丰厚的薪酬鼓励员工参与内部的创新工作。随着各大企业对科技越来越重视,很多大公司内部都打造了研发中心和实验室,专门进行新技术、新模式的研发和论证，然后尽量将创新成果与实际的经营管理结合起来。

3.要制定长期战略。企业想要保证创新的可持续性，就要制定以创新为核心的发展策略，制定切合实际的中期或者长期创新规划，包括创新人才的培养、创新文化的构建、创新机制的打造、创新成果的商业化、创新目标的设定。比如，国内某公司就制订了有关创新工作的战略计划，目标是10年以内确保专利申请数突破1万个，并且每年都要保证专利数量呈现增长趋势。而正是因为这样的战略规划，使得这家公司的技术研发成果丰硕，产品也成了国内市场上首屈一指的存在。

4.积极关注市场，寻求创新切入点。所有的创新都应该以市场需求为核心，因此企业需要积极关注市场的变化，捕捉市场动态，对一些能够表现出行业发展趋势的项目、技术和模式，给予更多的关注，并快速响应这些变化，确保创新工作不会脱离实际。比如，现在有很多公司都会专门在市场部设置一个专门观测市场变化、新技术、新趋势的机构，这个机构会不断跟踪那些市场上最活跃的企业，搜集相关的信息，并定期对行业的发展态势进行分析，将数据反馈给总部，然后总部可以针对相关的数据和信息，找到创新的切入点和突破点。

5.强化同理心。在创新活动中，有些创新活动的发生具有意外的成分，这样的创新具有很大的偶然性，企业也许可以凭借这种偶然性获得快速发展的机会，但偶然性因素不可能长久支撑起企业的高速发展和创新。想要保持创新的持续性，企业需要立足市场，保持强大的同理心，去感受客户的需求和市场的变化，然后从这些需求中挖掘出创新因子。

需要注意的是，创新并不一定要颠覆现状，在现有的技术、策略、模式的基础上进行调整和改善，同样也是一种创新。这种创新同样可以为企业创造更多的利润，并为企业的发展注入更多的能量。

创新商业模式，增强盈利能力

世界级管理学大师彼得·德鲁克说过："当今企业之间的竞争，不是产品和服务之间的竞争，而是商业模式之间的竞争。"

商业模式的核心部分可以分为三个部分：创造价值、传递价值、获取价值。创造价值是在了解和尊重客户需求的基础上，为客户提供相应的解决方案；传递价值侧重通过资源配置，安排相应的经营、销售活动来交付客户所需的价值；获取价值是指相关机构通过设定好的盈利模式来持续获取利润。三者相互联系，环环相扣，形成了一个紧密联系的闭环，在这个闭环中，缺少任何一个要素都无法形成完整的商业模式。

当企业的商业模式无法创造更大的价值和利润时，往往也是这三个部分出现了问题。比如，企业没有认真进行市场调研，不了解客户的真实需求，无法为客户提供合理的解决方案；这个时候企业就无法为客户创造价值；企业没有做好资源配置工作，营销活动也没有做到位，那么客户也就无法收到企业提供的价值；企业如果没有好的盈利模式，那么利润的获得就会受到很大影响。

企业如果在创造价值、传递价值和获取价值方面相对乏力，就需要打造一种更高效的商业模式，通过商业模式创新，找到盈利的新方法。商业模式创新是指企业在原有价值创造基础上，重新设计业务模式的构成要素，或者对构成要素之间的相互关系进行调整,以创造新的客户价值主张,并增强企业的盈利能力。

一般来说,企业可以通过以下几种方法来实现商业模式的创新,或者说企业的商业模式创新可以从以下几个方向进行尝试:

1.定制化服务模式。随着社会需求的多样化发展,随着人们需求层次的日益提升,大家更希望自己享受到的产品和服务是独一无二的,这就催生了很多定制化服务。定制化服务模式是一种非常有发展潜力的商业模式,企业完全可以通过为客户提供定制化服务来赢得市场的青睐。比如,在过去的家具市场上,厂家具有绝对的话语权,它们会通过统一化、标准化的生产模式,为消费者提供一样的产品。可是随着消费者对装修要求的提高,能够彰显个性需求的家具变得越来越受欢迎,这个时候,那些及时转型,推出家具定制服务的厂家很快获得了大量的订单。

2.数字化转型。随着信息技术和人工智能的发展,云计算、大数据、人工智能、物联网等先进技术在社会发展中扮演越来越重要的角色,它们在推动产品智能化、流程自动化、决策数据化方面产生了积极的作用。企业如果想要摆脱传统商业模式的影响,就要借助数字化技术实现商业模式的改造,让自己更好地融入时代发展的潮流之中。

3.共享经济模式。随着社会的发展,人们越来越希望公平享有资源,而互联网技术的进步间接承载了大家的希望。此时,整合线下的闲散物品、劳动力、教育医疗资源就成为一种趋势,这就是共享经济模式。对于企业来说,打造共享经济模式可以实现资源的合理利用,降低消费者使用资源的成本,因此很容易赢得市场的关注。像Uber公司就推出了叫车软件,将出租车业务公平分享给所有消费者,消费者再也不用为叫不到出租车而烦恼了。

4.平台模式。平台模式更加看重构建一个开放式的生态系统,基本的运营模式就是连接多方参与者,推动参与者之间进行交易和信息交换,然后利用平台上的价值流动创造更多的收益。现如今的电商平台、社交平台、直播平台，都是利用平台构建新型商业模式的典型。

5.循环经济模式。由于社会对可持续发展理念越来越重视，企业完全可以把握这样的风口进行投资，或者直接打造一些有助于可持续发展的商业模式，其中循环经济模式就是一个重要的选项。企业可以推出可循环利用的产品和服务，避免高消耗、高浪费、高污染的情况发生，并借助新模式创造更大的经济效益。比如，当前社会非常重视新能源的利用，非常重视废品回收产业的发展，非常重视可分解的生物材料的研究，这些都是非常不错的商业模式。

6.共创共赢模式。这个模式主要是指企业推动内外部的合作，并为合作方提供良好的发展平台和环境，双方共同参与价值创造的项目，实现共同获利、共同发展的目标。比如，很多公司本身并没有什么具体的业务，而是专注于寻找那些创业公司，然后通过扶持创业公司实现企业利润的增长。

在实施商业模式创新的时候，需要注意一点，那就是商业模式的形成需要一个过程，企业要针对市场的变化、行业发展的趋势、内部环境的变化做出调整，然后通过不断试验找到一个相对稳定的发展模式。此外，商业模式并不是一成不变的，随着社会的发展和市场的变化，客户会有新的价值需求，企业也需要适度调整和改进商业模式，甚至再次实施商业模式的转型，找到新的利润增长点。

推动组织结构创新,提升企业的管理水平

为了提升管理效率,推动内部的资源整合与重组,企业需要采用新的管理方式,需要制定更高效的管理策略。而构建一个新的组织结构正好可以满足这些管理需求,它可以带动管理水平的提升,确保企业的工作效率和盈利能力得到提升。不过在很多时候,组织结构创新容易被企业忽略,多数人都会将注意力放在思维创新、新技术的运用、商业模式创新、服务创新等内容上,而忽略了组织结构创新的价值和意义。

组织结构创新主要是指企业调整或重新设计组织架构,像常见的扁平化组织、项目制组织、网络型组织,或者去中心化结构。企业可以按照自身的需求进行调整和创新,打造一个具有更高效率的组织结构。

比如,20世纪20年代,通用汽车公司的发展进入巅峰状态,当时通用汽车公司收购和兼并了很多小公司,企业规模急剧扩大。大量不同的业务和不同种类的产品给通用汽车公司的管理制造了很大的麻烦,各个项目之间经常会相互阻挠、相互干扰,导致内部的管理效率不断下滑,工作中不断出现各种问题。当时公司的常务副经理斯隆参照了杜邦化学公司的组织结构创新实验,在内部推行事业部制,实现了对内部组织的改组,公司按照地区、产品、顾客来划

分部门，设立若干事业部，确保各部门独立经营、独立核算，提升了企业的工作效率，也极大地提高了通用汽车公司的利润。

在事业部制获得成功并在全世界范围内推广之后，各大公司一直没有停下对组织结构进行创新的脚步。企业在面对自身的发展状况时，也不再像过去一样千篇一律地采用某一种固定的组织结构，而是表现得更加灵活、更具创新意识，它们开始针对实际情况对组织结构进行调整。一般来说，企业可以在针对组织结构的创新时从以下几种结构模式出发，进行适度调整，从而找到适合自己的结构。

1.扁平化组织。随着企业规模的壮大，内部的信息流通速度越来越慢，大企业病越来越容易出现。为了解决这些问题，企业可以打造扁平化组织，用来提升工作效率。而打造扁平化组织主要在于减少管理层级、扩大管理幅度，去除过多的中间阶层，确保决策层与执行层更加接近，加快信息流通速度，增强决策速度。

谷歌公司就一直主张打造一个更加扁平化的组织结构，因此公司多年来一直致力于减少层级结构。谷歌公司为此特意做出一项规定：每个人距离总裁的级别不超过3级。这种独特的规定使得谷歌公司的层级得到了有效控制，公司不断拓宽幅度，这样就极大地压缩了内部交流的层级，最终形成了一个更高效的组织结构。

2.矩阵式结构。传统的组织结构更多的是直线职能型结构，管理上存在一些缺陷，比如部门之间协调困难、部门积极性不高、不关注整体利益等。为了改变这种局面，企业可以打造矩阵式结构，它在直线职能型结构的基础上增加了一种横向的领导系统,使得内部资源得到更充分地利用,部门之间的协作水平得到提升,企业的灵活性也变得更好。打造矩阵式结构时,需要选择一个职能领导,一个项目领导,由两个领导双线管理。

华为公司就使用了矩阵式结构,极大地解决了工作效率低下、资源浪费严重、沟通成本过高等问题。IBM公司也是典型的矩阵式结构,公司会按照地域划分各个区,如亚太区、中国区、华南区等;然后又按产品体系划分事业部,打造了PC、服务器、软件等事业部。不仅如此,公司在行业上划分了银行、电信、中小企业等行业;同时设置了销售、渠道、支持等不同的职能划分。在IBM公司,员工可能既是大中华区的成员,又是某产品体系中的一员。

3.去中心化结构。去中心化结构简单来说就是消除管理中心,组织中没有一个明确的管理核心,组织中的人也不必按照某种指令行事,大家会依据企业文化或者信仰自主行动,围绕着一个共同的目标而奋斗。

比如,管理学家凯文·凯利在《失控》中重点谈到了蜂群的运作模式,他发现蜂群具有非常独特的思维,蜂群中的每一只蜜蜂都有明确的分工,它们知道自己应该做什么,并且坚守自己的岗位。在过去,很多人会习惯性地认为所有的蜜蜂都听命于蜂王,由蜂王向每一只蜜蜂发号施令,但研究发现,蜂巢中所有的蜜蜂都是自主行动,就像是遵照某种约定一样分工协作,蜂巢中并不存在一个发号指令的核心管理者。

很显然,蜂群中存在一只无形的手,这只无形的手会控制和引导所有蜜蜂的行动。凯利认为这只无形的手就是团队生存和发展的目标。正是这个目标的存在，决定了蜂群变成一个去中心化的特殊结构。凯利由此受到了启发，认为企业完全可以打造成蜂群一样的组织结构，通过发展目标、企业文化、信仰等无形的手来引导所有成员保持节奏和方向的一致，共同为企业发展做出贡献。

现如今，随着信息技术的发展，很多企业都向着网络化、智能化、去中心化的结构发展，极大地提升了工作效率和管理效率。

4.网络型结构。过去的很多组织结构通常会受到地理因素的限制，而网络型结构则可以有效打破空间限制，通过内外部合作伙伴构建高效的网络，或者通过一些特定的合同来构建一个暂时的交互系统。这样有助于降低企业的固定成本，并提升快速响应的能力。

除了以上几种常见的组织结构创新之外，企业还可以通过部门重组、合并的方式打造一个功能性更强的部门，以满足业务流程改造以及资源重新配置的战略需要，这种跨部门合作的模式往往可以组建一个新的事业部。很多公司在承接一些特殊项目，或者实施某些重要业务时，为了更好地提升部门协作能力，提升资源整合的效率，就会暂时性地成立一个新部门，这个新部门的构建通常会产生意想不到的效果。

部门之间的重组比较麻烦，涉及的内容比较多，相比之下，一些单纯的流程再造和新职位的设计则相对简单一些，能够适应新技术、新市场环境的需求，有效提升工作效率。此外，单纯的分权和授权机制改造，同样会让内部结构产生一些微小的变化，而这种创新会让企业结构的运行效率得到质的提升，这也是组织结构的一种创新机制。

消除创新的阻力,保持内部统一

现代企业生命周期和企业扩张理论认为,当一个企业处于高速扩张期或成熟期时,它的发展潜力在某些特定条件下就会受到企业发展空间的限制。如果此时存在一个过大的外来推动力,企业的正常演变过程就会被打破,资源的大量追加会降低企业的边际效益,还可能加速企业的衰退。为了解决这个问题,创新就变得至关重要,不过创新需要面临诸多阻力。

首先,进入成熟期的企业,其组织结构、思想观念都基本固化了,相关的利益群体也是有着强大的势力范围。推崇创新的人想要破除这些组织结构、改变大多数人的思想观念、影响利益既得者的利益,会变得非常困难,因为总有一些守旧的人会选择抵抗。

其次,进入成熟期的企业,拥有相对稳定的体系,而这也导致整个企业显得不那么活跃,大家很容易处于一种惰性状态,从而导致内部的创新氛围不热烈,创新条件不成熟。一般来说,成熟期的企业存在灵活性不足、变化很少、安于现状的状况。

再次,为了避免自己的利益受到影响,或者担心企业会因为创新而遭受巨大的风险,反对者往往会选择在一些无关痛痒的小项目,或者一些没有多少话语权的部门内部进行创新,算是一种尝试和试验。这种小规模的创新往往很难获得成功,一方面企业投入的资源支持很少,创新活动很艰难。另一方面，即便创新也有一些成果，对于企业的发展大局基本上没有什么太大的影响。这个时候，反对者就会站出来指责创新的低价值，然后名正言顺地说服高层放弃继续创新。

最后，企业家作为创新的主导者，往往会担心创新带来的风险和损害，因此某些人最终会坚持选择保守主义，他们通常害怕承担风险，创新意识非常薄弱，不愿意做出太大的改变。而当他们放弃创新时，整个企业基本上就会与创新绝缘。

需要注意的是，企业做出创新的相关决策，并不是狭义上的明确做出创新决定的那一个瞬间，它是一个全过程的概念。真正合理的创新决策包括前期的准备工作和计划，比如企业需要提前做好创新计划，设定一些基本的规划，要想好在哪些方面进行创新，应该如何推动创新，需要克服哪些创新阻力，以及如何克服这些阻力。创新决策也包括做出决定之后的执行情况和相应的反馈。从某种意义上说，创新决策的阻力贯穿整个决策过程。

国内某科技公司早年一直从事代工业务，虽然企业规模越来越大，但是利润并不高，企业的发展一直受到限制。为了突破发展的局限性，公司很早就制订了创新计划，可是在实施计划的过程中，企业内部的老干部纷纷站出来反对，他们只同意对某些技术进行改进，对某些机构进行适当的调整，但对于整个管理体系的创新非常反感。在他们看来，管理体系是企业存在的根本，一旦过度调整，就会导致整个企业陷入瘫痪，而事实上，他们真正担心的是自己的地位和权力在新一轮调整中被削弱，甚至永久丧失。为了维护既得利益，他们不断制造压力，拒不配合创新计划的实施，或者阳奉阴违，联合起来对高层施加压力。也正是因为如此，企业一直没能实现管理体系创新和业务转型，导致整个企业的业务水平没有得到任何提升，最终只能继续从事代工业务。同一时期的很多公司由于及时创新和调整，成功转型，成功站在了产业链的顶端。

创新是企业发展的重要驱动力，企业的转型、产业升级、利润获取，都离不开创新，创新能够保障企业走得更远，因此企业应该借助创新来提高工作效率，重新布局产业，并有效提升利润。面对潜在的各种阻碍因素，企业要保持坚定的意志，及时发现并消除创新阻力，确保内部能够统一创新的方向和节奏。

1.打造相应的制度保障创新工作的推进。企业需要制定更加合理的制度，保证创新工作的顺畅性，这里的制度主要包含两种：一种是正向的激励措施，比如为创新人员提供更多的支持，像提高薪酬，为创新人员开通绿色通道，提高他们的地位；另一种是规范性的制度，简单来说，企业在针对创新工作中遇到的阻力时，需要制定一些严格的管理制度，对那些恶意阻挠创新的行为要给予严惩，对那些拒不实施计划或者拒不执行任务的反对者，要强制他们执行任务。

2.构建创新型企业文化。企业想要减少内部的创新阻力，就要让所有人意识到创新的重要价值和意义，让所有人都可以站在创新的角度上来看待企业的发展。为了推动员工支持创新并自主创新，企业需要鼓励员工提出新想法，要包容员工产生不同的想法，要鼓励员工试错，并在错误中积累经验。与此同时，企业需要带动员工挑战传统的思维模式和工作模式，在内部保持开放式的交流模式和工作模式，创造良好的创新氛围。

3.设立专门的团队负责创新工作。为了减少阻力，企业需要成立一个专门管理和负责创新业务的团队，整个团队可以直接由最高管理者领导，成员多是一些支持创新的高层领导，整个团队专门负责产品创新、服务创新、商业模式创新、业务创新等工作，并从全局上领导企业内部的创新工作。与此同时，企业需要招聘更多具有创新意识和创新能力的人才，壮大创新队伍，在必要的时候，需要引入一些富有经验且思维活跃的经理人或者顾问，让他们对企业的创新工作给予必要的指导。

4.打造具有吸引力的补偿机制。补偿机制的构建主要是为了应对那些反对者，通常情况下，反对创新的人都是既得利益者，他们需要维持传统的经营模式和旧的管理秩序。企业如果可以给他们更多的补偿，就可以降低他们反对的决心，甚至将他们转化成为创新支持者。

除了以上几个措施之外，企业还需要优化流程，简化创新工作的审批环节，确保内部的创新工作能够快速落实到位，尽可能减少创新工作在延迟和拉扯中被迫放弃的情况。

总之，企业需要综合多方面的因素和多种手段，在企业文化、组织结构、管理制度、团队构建、流程管理等多个方面给予更多的保障，这样才能更好地推动内部创新工作的实施。

> 章节须知：

什么是企业创新

在谈到推动内部创新的时候，首先要明白什么是创新。一般来说，企业常常将技术上的突破当成创新，会将创新当成技术变革，认为企业内部的发明创造就是创新。可是严格来说，科学发明并不是创新，只有当一个企业家将相关的发明创造用于建立一个新的商业组合，这样才能称之为创新。

人们经常把创新当成一个技术概念，但它的本质是一个经济概念，真正的创新是人们将相关的技术革新融入经济组织的生产运营当中，确保经济组织形成新的经济能力。按照更加专业的说法，创新就是生产函数的变动，企业家将一种从来没有的"生产要素和生产条件的新组合"引进企业内部的生产体系中，确保企业的生产要素或者生产条件产生更高效的新组合，以解决一些从未解决的问题。

比如埃隆·马斯克在创办特斯拉的时候，面临的最大问题是电池成本过高的问题，这样会极大地提升造车的成本，并大幅度压缩新能源车的利润（汽车定价太高的话，买车的人很少，如果控制定价，企业将面临无利可图的困境）。马斯克做过分析，特斯拉电动车想要上路行驶，至少需要85千瓦时，而当时的储能电池基本上维持在600美元每千瓦时的价格水准上。也就是说，仅仅购买电池，特斯拉要消耗的成本就超过了5万美元。再加上车机系统、汽车的基本构件、运营费用，电动车的价格将会令大多数消费者望而却步。

面对这个难题，马斯克找到了成本控制的方法，他发现制造电池所需的铁、镍、铝、镍等金属是必不可少的，不可能从数量上降低，真正有操作空间的就是人类在协作过程中产生的各种交易费用。比如，美国市场上的铁、镍、铝、镍等金属材料非常贵，但是如果在伦敦金属交易所购买这些物质，那么电池的成本直接降低6~7倍。不仅如此，马斯克还让研发人员改变了电池的模块设计，极大地提升了电池的储电能力，并降低了成本。

是马斯克发明创造了电池吗？并不是，电池研发技术并不是他发明的，但他对资源进行了有效的整合，重构了电池要素，确保电池的成本得到了有效控制。这就是一种创新，如果没有这种创新，特斯拉汽车就无法走向世界。

正因为发明创造不是创新，于是又引出一个新的问题：让谁来主导创新。按照惯性的想法，很多人会觉得发明创造就是创新，那么创新一定就是那些技术研发人员主导的。其实，不仅发明创造并不属于创新，发明创造的研发人员也不是主导者，真正的创新来源于企业家。1910年，奥地利经济学家约瑟夫·熊彼特在他的名著《经济发展理论》中，提出了"创新理论"的概念。按照熊彼特的说法，经济本身是不会发展的，而是依赖经济以外现象的拖动，这种经济以外现象，更具体地说就是企业家的创新。

原因很简单，企业家拥有整合资源的权力和能力，可以重组企业内外部的各种要素，打造生产要素和生产条件的新组合，帮助企业解决那些特定的难题。为了更好地提升企业的创新水平，在企业经营管理中，企业家可以营造创新环境，鼓励创新，包括建立支持创新工作的相关制度；包容不同的理念和想法，激发内部创新；打造更加宽容的环境，鼓励创新失败者继续尝试；营造良好的竞争环境，促进内部的创新；把握新事物，抓住新机遇；综合各方的创新力量，优化企业创新。

不过，企业家主导的创新并不总是千篇一律的，诱发创新的原因并不相同。

比如，一些意料之外的事情往往会给企业、企业家带来创新的灵感，制造创新的条件。就像IBM计算机的诞生，最初并不是为了设计各种软件，也不是为了搜索资料，IBM的计算机之所以研发出来，是因为公司创始人老沃森对天文学非常感兴趣，他希望通过编程来计算月亮在过去、现在和未来所有的圆缺。结果，计算机的性能受到了社会的重视，在编程领域和设计方面展示出了强大的功效，慢慢成为生活和工作中不可或缺的工具。

一些不协调事件（现实与预期情况不同）也会推动创新的形成，比如集装箱应用就是典型的不协调事件引发的。最初的时候，企业想要依靠轮船运送货物，就会将大量的散装物资堆放到码头上，等着轮船进港，然后一一装船。可是随着负责运输的轮船越来越多，码头上也越来越拥挤，导致装船的效率很低，而且散装的物资在等待装船的过程中也很容易失窃。为了解决这个问题，有些企业开始将装货与装船分开进行。他们发现只要先将物资存放在箱子里，然后整齐地放在码头上等着装船即可，这样做不仅可以节省码头上的空间，还可以有效避免失窃现象的频繁出现，于是集装箱开始大量出现在码头上。

创新来源于企业内部的程序设定，它的出现本身就带着任务，拥有明确的目标。创新行为的发生是为了顺利解决企业内部的一些关键问题，或者为了解决一些薄弱环节。

另外，一些未被人关注的产业结构、市场结构变化也会诱发企业创新。

保时捷最初只是一款普通的大众牌轿车，并没有什么太大的市场影响力，可是大众公司发现许多消费者并不喜欢将汽车当成交通工具，他们不会为了满足交通出行而买汽车，更多是为了获取驾驶乐趣。那么，什么样的汽车更能够让人体会到驾驶的乐趣和激情呢？那就是更快的速度，更野蛮的动力，所以保时捷的负责人开始改变思路，最终向跑车进化，并将其发展为知名的豪车品牌。

由此可见，创新本身并没有特定的逻辑可循，无论是有目标地去探索，还是无意识状态下的机缘巧合，都表明了创新的特性。需要注意的是，创新虽然是用来解决某些特定问题的，但对于企业、对于企业家来说，重要的并不是解决问题，而是了解为什么会产生这些问题，以及如何挖掘这些问题背后更深层的原因，这才是推动企业创新的关键。

第七章
积极控制风险,减少利润流失的可能

企业在追求利润的过程中，通常需要认真平衡好风险与收益。风险与收益的评估和判断，并不是单纯地计算风险更大还是收益更大的问题。面对不同的市场环境和发展状况，企业需要有更合理的抉择。风险与收益之间的平衡往往会涉及战略规划、财务管理、运营决策、风险管控、预期收益计算等问题。

及时消除坏战略，为企业的发展指明正确的方向

1960年，美国著名管理学家哈罗德·孔茨在《管理学杂志》上发表了一篇《管理理论的丛林》的论文。在论文中，孔茨首次将现代管理理论分为6个学派，从而开创了管理理论从行为科学管理理论向现代管理理论转变的先河，学派的划分推动了战略管理的出现。

战略是企业经营管理的前提，能为企业发展提供重要的引导，帮助企业准确判断外在危机和机遇，明确核心竞争力、优化整合企业人力资源，提高企业效率，还能够帮助企业建立和提升品牌形象，明确目标市场。而一旦战略出现很大的漏洞或者战略不合格，就会误导企业的发展，并且给企业制造很大的风险。

比如，摩托罗拉曾是功能机市场上的重要势力，即便进入智能手机时代，它也对自己的发展信心满满。当其他智能机品牌纷纷转型做平板手机时，它依然想通过翻盖手机来获得市场竞争优势，提升品牌影响力。可是智能机时代，一切设计都选择从简，消费者不认同、不接受翻盖手机，结果摩托罗拉因为错误的战略规划失去了大量的市场，最终在市场上销声匿迹。

加州大学洛杉矶分校管理学院的教授理查德·鲁梅尔特在《好战略，坏战略》中说道："坏战略不是简单的好战略的缺失，它起源于一些特定的认知误区和领导失误。一旦你具备了发现坏战略的能力，那么你评判、影响以及制定战略的能力就会大大提高。"要发现坏战略，就要看它是否具有坏战略的一个或多个特征。坏战略的特征如下。

· 空话。空话就是一些伪装成战略理念或战略观点的废话。它使用一些浮夸而深奥的字眼以及生僻的概念，造成一种思想认识水平很高的假象。

· 不能直面挑战。坏战略无法识别或找出真正的挑战。如果你无法确定挑战是什么，就无从对战略进行评估、改良。

· 错把目标当战略。很多坏战略都只是泛泛地谈到美好的愿望，而没有就如何克服困难提出具体的应对计划。

· 糟糕的战略目标。战略目标是领导者为了达成最终目的而设定的。如果战略目标无法解决关键的问题，或者各项战略目标之间相互冲突，那么这些战略目标就是糟糕的。

为了确保企业在正确的方向上发力，应该加强战略管理。战略管理就是要求企业做正确的事情，并且努力将事情做对，这首先就要保证战略的正确与合理，消除坏战略，重构好战略，毕竟只有好战略才能产生价值，才能引导企业做正确的事情，并把事情做对。

想要消除坏战略，重构好战略，企业需要按照以下六个步骤去执行：

1.要懂得识别和诊断问题。当企业发现执行过程中出现很多严重的问题时，就要尝试着对这些问题进行识别和分析，看看这些不足执行者是不是可以纠正，看看这些问题是目标的先天不足引发的，还是执行过程中出现的偏差，或者是受到市场环境变化而出现的。

2.评估战略目标。当战略目标存在诸多问题时，企业需要重新审视公司的长期计划和愿景，并对自己所处的市场环境、行业发展趋势进行分析，看看战略目标是否存在不合理之处。

3.调整目标，甚至重构战略。当企业完全按照战略目标和计划执行时，如果意识到目标很难实现，或者觉得目标不适合自己，无法帮助企业变大变强，那么企业就需要基于当前的情况，聚焦核心竞争力，重新设计战略规划，为企业发展寻找正确的方向。

4.重新设计执行计划。当企业的战略目标和战略规划调整之后，企业的具体行动计划同样要做出调整，企业需要重新明确自己要做什么、什么时候开始做、什么人去做、在哪里做、为什么而做，以及具体应该怎么去做，并针对性地建立管控机制。

5.制度配套。为了支持新目标和新计划，企业需要全方位做出调整，而最重要的就是构建支持性的制度，包括绩效考核制度、薪酬管理制度、质量管理制度、培训制度、客户服务管理制度等。

6.定期评估与优化。无论是什么样的战略，都是企业发展特定阶段的内在产物，一旦企业进入新的发展阶段，或者内外部环境发生很大的变化，那么企业就需要针对性地对战略进行评估、调整和优化。

需要注意的是，企业在消除坏战略并积极制定好战略时，应该立足长远，要明确战略是为未来的发展服务的。即便当下的一些环境因素、发展状态与企业战略存在冲突，也不要就此认定这是一个坏战略，好、坏战略的划分更多地要看企业未来的成长状况。一些看起来很好的战略可能正在为企业的发展挖坑，而那些看上去不太理想的战略，在未来一段时间可能会为企业创造巨大的发展空间。

提高管理者的素养，降低管理不当造成的风险

在诸多经营管理风险中，管理风险是一个很容易被忽略的内容。通常情况下，人们会认为企业的风险大都来源于外部，但内部的风险同样不小。内部的风险通常和企业家、管理者不合理的管理方式有关，或者从另外一个角度说，管理者或许是企业的大风险因子之一。

比如，最常见的一种就是企业管理不严，领导者控制力不足，这会导致内部工作松懈，流程混乱，员工缺乏约束，在工作中恣意妄为，出现贪腐、消极怠工、相互阻碍等行为。一些员工为了满足私利，会做一些违法乱纪的事情，或者出卖企业的利益，这些都会将企业置身于巨大的风险之中。

与之相对应的是，领导者过于独裁。这会导致企业丧失活力，员工对工作的驾驭能力不足，从而引发低效和风险控制不佳的情况。在独裁式的管理模式中，领导者的集权行为会破坏企业原有的运行秩序。

很多企业家身上往往背负很多东西，而其中很大一部分东西通常是不属于他们的。这些企业家往往会倾向于采用更加集权的方式来管理团队，事事都希望控制在自己手中，而不懂得适度放权，这样就造成了"一人即团队，团队即一人"的局面。这样的管理模式有一个很大的缺陷，那就是公司往往过于聚焦核心领袖，而一旦核心领袖离开，那么整个管理体系就会崩塌，企业就会陷入混乱，甚至直接瘫痪。

总的来说，如果领导者能力不足，缺乏战略眼光，经常不按规则行事，或者做出一些错误的决策，这会给企业发展制造麻烦。为了发挥领导作用，企业家以及相关的管理者必须提升自己的工作素养，这包括能力上的提升以及态度上的改进。

能力上的提升重点强调管理能力和领导力的提升。领导力通常包括战略规划能力、团队建设能力、人才管理和人力资源配置的能力、沟通协调能力、指挥能力、激励能力、倾听能力、决断能力、威慑力、做事的专业技能，以及把握商机的能力。作为一个企业的掌控者，领导者需要全方位提高自己，尤其在管理上要注重自我完善和自我提升。必要的时候，需要接受深造，学习相关的知识，学习和阅读是获取领导经验的最佳方式。

比如，每年都有一大批企业家会选择进入商学院深造，有很多创业者会参加行业内部的研讨会和交流会，目的就是为了学习更先进的管理经验，丰富和完善个人的管理能力，全方位、多维度地提升自己。

态度上的改进主要在于对企业管理规则的理解和遵循。领导者不能做违背规律和规则的事情，更不能违反自己的工作职责。在新的经济模式下，企业家也需要遵守新的规则。第一条规则是，企业家应该关注什么是自己应该做的，而不是谁才是正确的。在过去，很多企业家非常在意别人对自己的看法，非常想要在别人面前证明自己的说法、想法和做法是正确的，却没有想过自己应该做什么，应该怎么做。在当前的市场环境中，企业家基于权力或者盈利做出的判断没有多大的意义，他们必须基于市场变化做出合理判断。第二条规则是企业必须减少犯错，因为现在的市场竞争很大程度上是看谁犯的错误更少，如果企业或者企业家不能更好地控制失误，就可能会导致企业陷入困境。第三条规则是企业家和管理者必须基于客户需求做出判断和决策。

企业家遵守新规则才能在新的环境下减少错误，把握企业发展的方向和节奏，找到并把握更多的商机。

　　2023年12月底，小米汽车开了新车发布会，小米SU7正式亮相，并迅速吸引了整个汽车圈和市场的关注。在大家的印象中，小米一直都是主攻智能手机和相关的衍生品，为什么会选择造车呢？在新能源市场上，小米是一个"新人"，很多事情都需要从头开始，竞争压力非常大，但小米还是义无反顾地进入这一领域。事实上，早在2014年，小米公司就有了造车的想法，雷军（小米智能技术有限公司法定代表人）还专程远赴美国向马斯克请教汽车方面的问题。

　　当时，雷军问马斯克："10年前的电动车还不像现在这么火爆，你是怎么看到这个机会？为什么要选择做特斯拉？"马斯克笑着解释，他从未觉得做电动汽车是一门好生意，这一领域的失败率非常惊人，但新能源汽车是人类应该去做，也是值得去做的事情。他并不希望等着别人来做这项伟大的工作，所以即便只有10%的成功率，他也毫不犹豫地放手去做。

　　其间，马斯克还同雷军分享了造车的一些心得和经验，谈论了如何去引导团队研发汽车的经历。这一次的分享，让雷军对造车有了更新的理解，有了更多的使命感，也为后来的造车做好了心理准备。

　　对于企业家或者领导者来说，他们必须扮演好领袖的角色，必须在整个企业的经营管理中发挥重要作用，以便能够推动企业在一个正确的轨道上发展和进步，同时有效避免自己因为领导力不足而将企业推入险境。

做企业最擅长而非看起来最赚钱的项目

麦肯锡资深咨询顾问奥姆威尔·格林绍说过:"我们不一定知道正确的道路是什么,但不要在错误的道路上走得太远。"麦肯锡曾经帮助诸多客户公司进行管理咨询,发现无论是初创型公司,还是那些进入成熟期的大公司,都不可避免地会做出不合理的发展决策。比如,很多初创型公司只看重哪些项目、哪项业务的利润最高,它们常常会将注意力集中在那些能够获取更大利润的项目上。同样的,那些进入成熟期的公司,在执行多元化发展策略的时候,也会将业务拓展的目标定位在那些最具盈利空间的项目和业务上。

这些公司看上去都在做最有利于自己发展的选择,却恰恰忽略了一点:利润不仅与行业特性挂钩,还与自身的发展状况紧密相关。那些看起来可以创造更大利润的业务可能是自己不擅长的领域,而在一个不擅长的领域内,企业如何为客户创造价值,能够为客户创造多大的价值,能够满足客户什么样的偏好呢?

盈利是企业发展的一个重要目标,也是衡量企业良性发展的一个重要指标,但这并不意味着企业需要选择那些盈利空间最大的项目,因为企业具体的盈利情况不仅仅和项目有关,也和自身的实力、特性、所处环境有关。为什么可口可乐没有发展自己的互联网业务,为什么海底捞没有想着变成一家人工智能公司，为什么苹果公司、亚马逊公司不会在地产行业最巅峰的时候拓展房地产业务，就是因为企业的适配度不够。从企业发展的角度来说，企业应该选择最能发挥自身优势的项目，应该在自己最擅长的领域内发展，这样才能保证更高的价值创造和价值输出，从而实现利润最大化。反之，当企业一味寻求最具盈利空间的项目而罔顾客观事实时，不仅无法获得高利润，反而很有可能将自己推入险境。

  国内某企业在20世纪90年代一度是制造业内的风云企业，产品畅销国内。进入千禧年之后，国内的地产行业开始越来越火爆，这家企业看中了地产行业的发展速度和潜在的盈利空间，于是积极开启多元化策略，开始进军地产行业。在最初的几年时间里，公司依靠地产业务取得了丰厚的回报，可是随着国内地产竞争越来越激烈，加上市场的逐渐饱和，导致企业的地产业务陷入停滞状态。由于企业对地产业务并不那么熟悉，管理方式也不合理，导致大量资金被浪费在一些投资价值不高的业务上，影响了整个公司的资金周转效率，最终导致公司发展陷入困境，连引以为豪的制造业最终也因为后续投资不足而丧失竞争优势，逐渐沦为平庸的企业。

对企业来说，重要的不是什么最挣钱，而是自己最适合做什么，最适合通过什么来挣钱，所以在选择发展的业务、项目时，应该立足于自身的条件和环境。企业要找到自己的核心优势，看看这些核心优势最适合什么行业、什么项目，最适合什么样的目标客户，能够给客户创造什么价值，能够打造什么样的产品和服务，并通过这些产品和服务盈利。也就是说，企业需要提前对自己做一个合理的定位，然后相应的发展模式和业务拓展都必须契合自身的定位，尽可能减少一些不可控的风险。

需要注意的是，企业需要关注市场，需要关注行业发展趋势与时代变化的趋势，或者也可以尝试着跟上时代发展的形式，尝试一些看起来很有发展空间和盈利空间的好项目。不过，这种尝试一定要建立在充分的调查和分析基础上，企业必须找到那些和自身实力适配度很高的项目。如果适配度不高，不能充分发挥自身的实力和优势，那么就要果断放弃。即便是企业想要实现转型，或者努力寻找第二曲线，也不能毫无主张，随意选择，企业需要利用好现有的资源和优势。

在做好自身定位的同时，企业还需要想办法明确两种能力界限：第一种是纵向的能力界限；第二种是横向的能力边界。简单来说，纵向的能力界限就是企业的市场边界，它主要是强调企业适合经营什么，不适合经营什么，是一个明确经营范围和业务范畴的概念。对企业来说，在选择投资项目和业务拓展时，应该划定一个安全的范围，这样就可以有效避免企业被一些高利润高风险的项目诱惑。横向能力边界主要是指企业经营项目的规模，即企业打算经营多大规模的市场，或者打算获得什么样的市场份额。从业务拓展以及多元化发展策略来说，企业有时候可以做一些尝试，但是为了控制风险，需要缩小投资规模，将风险调到可控范围内。

为了确保自己不会被高利润项目诱惑，企业需要制定一些更为严格的审核机制和评估机制。在畅想那些高利润项目的时候，不妨先思考一下相关项目潜在的风险是什么，可能会让自己面临什么样的压力，可能会给自己带来多少损失。通过评估，企业也许会受到损失心理的影响（相比于获得多少利益，人们对于自己失去等量的利益更加在乎），放弃冒险的决定。

设置止损线，避免亏损放大

对于企业来说，保证资金的安全是企业最重要的工作之一。如果说生存是企业的第一要务，那么不亏损就是企业最重要的经营原则。相比于如何获取更多的利润，如何保证资金的安全，如何避免亏损进一步加剧，反而是企业更应该看重的东西。

从企业发展的角度来说，遭遇意外或者危机是一种常态，企业总是不可避免地会因为一些问题而面临亏损的尴尬局面。可以说，这个世界上不存在常胜将军，任何企业都有可能遭遇亏损的风险，都经历过亏损的危机。人们需要想办法找出那些风险因子，提前做好准备，避免误入亏损陷阱，但仅仅依靠预防是无法真正解决问题的，更重要的是，企业必须掌握减少亏损的方法。具体来说，企业需要构建合理的风险防控与风险处理机制，而其中最直接的一条就是设置止损线，及时控制亏损的势头，避免风险扩大和损失放大。

在企业中，亏损线的设置往往有三种模式。

第一种，对趋势下滑造成的亏损进行及时控制。这一类亏损并不是严格意义上的亏钱，而是一种边际效益递减造成的损失，也就是说企业之前都是盈利的，过了盈利期后开始出现入不敷出、收支失衡的情况。假设，企业中某个业务的盈利持续下滑，好在连续9个月都是盈利的，可是到了第10个月，企业首次出现了利润负增长的情况。按照这种趋势，接下来的几个月内，企业的亏损会不断增加。为了及时止损，企业就需要在第10个月之后放弃这项业务。

在设置这一类止损线时，企业需要想办法了解企业发展的趋势，列出具体的数据，评估企业在接下来一段时间内的盈利情况和发展状况。一旦察觉到企业的利润下滑甚至亏损会成为一种趋势，那么提前撤离或许是最好的方式，这也是保持收益最大化的一种方式。对企业来说，最理想的状态就是在收支完全相等时离场，此时，之前的利润积累会帮助企业获得最大化的收益。

通常情况下，一些投资型的公司就喜欢设置这样的止损线。它们在投资某个项目时，会认真观察和分析项目的进展情况，尤其是项目的盈利状况。为了确保利润最大化，这些企业会认真分析好边际效益递减的趋势，一旦边际效益趋于0时，它们就会选择退出项目。

第二种，对接近成本的亏损进行控制。这一类亏损一般是指企业发展状况不佳，导致亏损不断增加，将之前的盈利基本上都消耗掉了，眼看企业投入的本金也要受到威胁，企业就需要及时止损。假设，某公司在投资某个项目时花费了8000万元，经过几年的经营，项目的价值突破了1.3亿元。可是随着市场环境突然恶化，项目的进展遭遇了重大挫折，价值不断下滑，当项目价值衰退到接近8000万元的成本投入时，企业需要及时出售和转让项目，避免成本也亏掉一部分。

大多数企业都会选择这种止损模式。对于它们来说，保护成本做到不亏损是最基本的工作，也是企业运营的底线。它们会非常谨慎地对待每一个项目，尽可能避免出现亏损，一旦项目经营不成功，利润开始下滑，企业会毫不犹豫地放弃。它们会容忍利润的萎缩和下滑，但不允许成本受到威胁。也就是说，绝对意义上的亏损是它们尽量避免的。

第三种，是企业能够承受的成本亏损额度。与第二种形态不同，这种亏损已经造成了成本的消耗，但是企业要确保亏损不会导致正常运营受到影响。也就是说，企业可以容许出现亏损，但是亏损必须控制在能够承受的范围内。假设一家公司的经营出现了波动，出现了亏损的情况。为了保证企业的正常运营，管理者设置了最高30%的亏损额，只要不超过这个亏损额度，企业就可以继续当前的业务和项目。这一类企业往往具备更大的容错率，或者拥有更多的现金流，它们的冒险精神也更强一些。相比于前面几种更加保守的止损模式，它们更愿意给自己设置更大的操作空间。

不同的企业，对于止损线的设置不同。止损线的设置模式通常和企业发展状况、实力有关，大多数公司都会尽量避免出现成本上的亏损。但是一些实力雄厚的企业能够承担更多的损失，它们的储备资金更加充足，而那些实力相对薄弱的公司，承受风险的能力更弱，因此更加谨慎，不会轻易出现任何亏损。

需要注意的是，不是所有的利润下滑和亏损都需要企业立即停止项目开发，有时候项目会出现上下波动，一旦波动的幅度超出企业的预期，就可能会引发企业的担忧。针对这种情况，企业需要认真分析所投资的项目和拓展的业务，认真分析项目和业务发展的情况，将最近一段时间的成长规律以图画的方式呈现出来，这样就可以找出波动的规律。只要企业投资的项目在波动中始终呈现出上升的趋势，那么企业就可以将波动的低点作为企业所能承受的亏损极限值。

及时解决问题,不要让问题继续存在下去

麦肯锡咨询管理公司在调研各大客户公司的时候,发现这些企业往往存在很多陈旧性的问题,这些问题一直没有得到解决,即便公司做了完整的记录,甚至制定了解决问题的计划和具体方案,但最终却没能落到实处。在这些问题中,有的会对企业产生很大的影响,有的看起来无关大局,但是当人们发现并上报问题的时候,这些问题接着又被无限搁置了。这些问题在某种程度上摧毁了企业的运行效率,尽管很多事情看起来并没有那么重要,但这种拖延的症状会相互传染,个人的拖延会演变成团队的拖延,并导致整个企业丧失活力,陷入"问题恐慌症"之中。而那些可能产生破坏力的问题也不会因为逃避和搁置而消失,当它们再次爆发的时候,往往已经成为一个破坏力十足的风险因子。

那么,企业为什么经常会在解决问题时表现出拖延的不良习惯呢?

其实,企业之所以经常会出现问题搁置的情况,一个常见的原因就是焦虑。当企业面临一些无法轻易解决的问题时,企业内部会弥漫焦虑的情绪,为了释放这种焦虑情绪,企业中的相关责任人可能就会通过逃避的方式来缓解内心的焦虑和压力,因为逃避行为会暂时脱离焦虑的困扰,内心承受的压力会暂时停止。还有一种情况:当人们觉得问题无关紧要,或者觉得问题随时随地都可以轻松得到解决,他们不会花费时间来认真面对这些事,这样就

导致他们很容易忽略相关的问题。

对于焦虑的人来说,逃避无法解决任何问题,只会让问题持续存在,并且可能会变得更加棘手。焦虑的人会因为逃避而陷入更加焦虑的状态,然后也更加害怕去面对这些问题。对于习惯性忽略小问题的人来说,这种拖延行为只会让一些原本可以轻易解决的问题变得更加困难,最终可能演变成更大的风险。

某互联网公司多年来一直都在向客户提供一款应用软件。在使用软件的过程中,一位工程师发现了公司的软件系统中存在一个较大的漏洞,很容易导致运行程序出现错误。不仅如此,这个应用软件还容易遭到电脑病毒的攻击,一旦被电脑病毒利用,可能会导致软件使用者的绝密资料遭受泄密。

在发现漏洞之后,工程师立即将问题上报给研发部的部门领导,但部门领导并没有重视这个问题,于是随意将其搁置在一旁,导致软件系统没有得到及时的修复。一个月以后,这款应用软件因为遭受病毒攻击,导致整个软件的系统陷入瘫痪,给客户造成了严重的损失。公司为此也遭受了很大的损失,不仅要赔付客户,自身的品牌也受到了很大的影响,股价直接下跌了5%。事后,公司进行内部审查,发现这起事故原本可以避免,可是研发部的经理既没有及时向高层反馈问题,也没有制定解决方案,这才导致灾难的发生,所以公司毫不犹豫开除了这个研发部经理。

从发展的角度来说,延迟处理问题或者长时间搁置问题,并不是合理的决策,反而会增加企业解决问题的成本,会增加企业遭遇危机的风险。企业想要获得良性发展,想要构建一个更加安全的发展空间和盈利空间,就需要直面困难，制定更为合理的问题解决机制。对于企业来说，日常提出来的相关问题，或者被发现的各种问题，都要努力做到机制化。也就是说，企业内部必须形成更加规范、更加合理、更加高效的解决机制，而不是凭借个人的喜好和习惯来处理相关的问题。通常来说，这种机制更加倾向于一些规则上的设定和流程上的统一设置。

一般来说，可以采取以下措施来避免拖延问题的产生。

1.建立有效的信息反馈机制。企业需要鼓励员工积极发现问题、上报问题，确保信息的透明和畅通。公司应该为每一个员工提供信息反馈的平台，包括内部的网络、匿名邮箱，以及定期的内部会议。

2.快速响应。企业一旦发现问题，就要立即启动响应机制，企业需要安排专人负责跟踪相关的问题，并及时给予解决。个人无法解决的，也要及时上报。在每一次内部会议上，团队成员要做的第一件事就是提出问题，管理者让大家提出各自的解决方法。如果问题不能立刻解决的话，相关责任人需要给出承诺，想办法继续寻找解决方案，直到问题最终得到合理解决。

3.制定严格的执行制度。为了确保相关人员能够认真发现问题、及时解决问题，企业需要明晰追责制。谁的职责范围内出了问题，谁就要对此负责，谁没有尽早解决问题，甚至故意放任不管，企业就要追究谁的责任。如果因为拖延，而导致问题变得更加严重，或者影响到了企业的正常运营，企业就要给予对方严厉的惩处。

4.制定更为完善的监管措施。在实施解决方案时，企业应该持续跟进，看看实施的效果如何，并对一些不合理的地方进行调整，确保问题彻底得到解决。此外，企业需要在解决问题的过程中总结经验教训，为以后解决类似的问题积累更多的经验。一般情况下，企业所面对和处理的每一个问题，都要及时记录在案，企业还需要明确相关责任人和解决问题的具体日期，要对不同的问题进行分类和归档，方便日后查询。

除了以上几种措施之外，为了避免有人担心无法解决问题而产生拖延和逃避心理，企业需要构建一个协同作业的机制。当遇到难以解决的问题时，可以调动其他部门、其他团队的力量共同解决问题，这样就可以提升大家工作的信心。

章节须知：

企业该如何合理掌控风险和收益

在追求利润的过程中，企业通常也需要面对各种各样的风险，这就使得企业在经营管理的过程中需要认真平衡好风险与收益。比如，很多人会习惯性地认为当市场存在较大风险时，企业就要想办法减少投资，缩小发展规模，避免自己受到市场的影响。从风险管控的角度来说，这是一种正常的反应，但是对于少数优秀的企业家和投资者来说，不景气的行业与动荡的市场同样蕴含着商机，他们在认真应对风险的同时，也不会轻易放过行业中存在的机遇和收益。

著名经济学家路德维希·冯·米赛斯在谈到风险和收益时，说过这样一段话："退步经济是人均资本投入减少的经济。在这样一个经济中，企业家亏损总和超过企业家利润总和。一些人无法使自己摆脱使用集体和整体概念的错误思维方式。这些人可能提出的一个问题是，在这样一个退步经济中，怎么会有企业家行为呢？如果一个人事先知道，从数学上说，他挣到利润的机会小于遭受亏损的机会，他为何要开始一个企业？然而，提出这个问题的方式是错误的。和每个人一样，企业家不是作为一个群体的一员而行动，而是作为个人采取行动。企业家丝毫不担心整个企业家群体的命运。

对于单个企业家来说，无所谓什么事情将发生在其他同类人身上。在不断变化的现实市场社会中，总会有一些有效率的企业家取得利润。在一个退步经济中，亏损总和超过利润总和。这一事实并不能阻止一个相信自己能力出众的人。一个想成为企业家的人根本不顾概率计算。概率计算无助于理解力。他相信自己比缺乏天赋的同胞更能理解未来市场情况。"

风险与收益的评估和判断，并不是单纯地计算风险更大还是收益更大的问题。面对不同的市场环境，面对不同的发展状况，企业需要有更合理的抉择，风险与收益之间的平衡往往会涉及战略规划、财务管理、运营决策、风险管控、预期收益计算等问题。

1.企业需要明确战略目标。只有制定明确的战略目标，企业才能够依据目标前进，判断相关的项目和业务是否符合战略目标需求，然后参照目标来评估每一项决策的风险与潜在的回报。

2.构建专业的收益与风险评估团队。企业在着手实施某项计划之前，需要对相关项目进行评估。为了确保评估的合理性，企业需要召开相关的内部会议，并成立专业的评估团队，让他们分析项目可行性，并指导后续的实施工作。

3.打造多元化的投资组合。对于企业来说，任何项目或多或少都存在一定的风险，为了降低风险，企业可以适当采取多元化策略，保证资金在一定程度上的分散。这样就可以分散风险，同时保持多元的资金流入。多元化组合的收益未必是最高的，但风险往往也能得到有效控制。

4.健全财务管理。在面对一些风险项目的投资上，企业必须合理控制支出；在应对一些不确定的因素时，企业需要控制好现金流与负债水平；企业还可以使用一些金融衍生工具对冲市场波动的风险。

5.加强内部的监管。企业需要建立完善且强大的内控体系，确保员工不会做违法的事情，确保员工的执行行为符合规定。企业还需要在激励员工追求利润的同时，确保他们不会表现得太过激进，太过冒险。

6.制定风险应急管理机制。企业需要针对潜在的风险制定相应的措施，设计一套成熟的应急预案，当风险和危机发生时，企业可以迅速启动应对机制，减少损失。

7.计算预期收益。企业在平衡风险与收益时，并不是风险大的就不能投资，也不是风险小的就值得投资。如果企业希望利用数据化的方式来做出抉择，弄清楚一个项目是否值得投资，可以参照桥水基金的创始人达利欧在《原则》一书中谈到的预期价值的计算方法：

预期价值=押对的概率×押对的奖励－押错的概率×押错的惩罚

假设企业花费4000万投资某一个项目，成功的概率仅为20%，获得的回报（纯利润）是4亿元（40000万元），那么这个项目的预期价值就等于40000×20%－4000×80%=4800万元。

从风险的角度来看，这个项目似乎不值得投资，但这个项目的潜在的回报和收益非常惊人，预期价值高达4800万元。对于那些有实力的企业来说，这是一个非常诱人的数据，它们值得尝试一次。而对于那些缺乏实力，试错空间很小的企业来说，它们难以应对这种高风险的项目。

需要注意的是，预期价值还可以运用到不同项目的对比和抉择上。当企业不清楚自己应该选择什么项目时，可以对比各自项目的预期价值，然后按照预期价值大小进行排列。

假设项目A的投资成本是5000万元，成功概率为40%，获得的纯利润为8000万元。那么项目A的预期价值就是：8000×40%－5000×60%=200万元。

假设项目B的投资成本是3000万元，成功的概率为70%，但回报只有

3000万元；而一旦遭遇失败，将会损失3000万元。那么投资项目B的预期价值就是3000×70%－3000×30%=1200万元。

假设项目C的成本投入是5000万元，成功的概率为60%，回报大约是4000万元，失败后将会失去所有的成本。那么，其预期价值就是4000×60%－5000×40%=400万元。

通过对比，就会发现项目B的预期价值最高，不仅如此，它的成本投入也最少。虽然收益比较少，但在平衡风险方面是做得最好的。对于企业来说，项目B是非常好的投资标的。

与前面几种方法相比，计算预期收益更多地强调数据分析的价值，但预期收益本身也不是完全合理的，也不适合所有的企业，每一个企业在平衡风险与收益时，所面临的情况不同，自身能够承受的风险也不同，因此还是应该做到具体问题具体分析，而不是千篇一律地依靠数据分析和计算来解决问题。

第八章
思维的高度,决定企业的上升高度

在很多时候，企业很容易陷入一种思维困境，那就是觉得自己足够强大，觉得自己还能依靠现有的资源、技术、模式继续存活下去。这种错误的思维和直觉让大多数企业都很快从明星企业沦为平庸，甚至快速消失。优秀的企业家绝对不会容许企业陷入停滞状态，在意识到企业无法依靠当前的资源和模式持续发展时，他们会果断选择新的模式，寻找新的增长点。

企业是如何进行利润分配的

经济学家认为，企业的利润获取与内部的分配体系息息相关。比如很多小公司可能偏向于个体户，整个公司只有自己一个员工，因此员工的工资基本上节省下来了。这一类小公司的年营业收入大都在100万元以下，但利润往往非常惊人，因为它们没有必要的员工工资支出。而其他的企业需要支付员工工资，这些开支是固定的，无论企业挣钱还是亏损，都需要支付这笔钱。

一旦公司营业额继续增加，就需要建立更加完善的管理体系，他需要聘用员工来分担自己的工作压力，需要安排更多的中层干部来管理各部门、各项目的工作，各部门会形成特定的管理团队，确保公司的发展更加顺畅。在这种状态中，员工的雇用和管理人员的安排会导致管理成本的上升，公司需要支付员工工资，因此经营费用开始增加。公司的营业收入虽然有所提升，净收益也会得到提升，但是创业者分配到的利润可能会下降。

分配体系对利润的影响是不可忽视的，不仅如此，分配方式更是可以看出企业对于利润的态度，可以看出企业的发展思路。利润分配是企业经营管理中的重要方法，它直接影响了企业短期现金流状况和财务健康状况，也决定了企业的长期发展潜力与成长高度。

利润分配的基本形式包括：企业的再投资与发展、股东回报、员工激励、风险防范。而这些基本形式都会影响到企业未来的发展。比如，有的企业缺乏再投资与发展的魄力，满足于当前的利润所得，企业挣到的每一分钱都存起来，而没有想过继续投资那些高价值、高回报的项目。这种企业通常很难做大做强，只能龟缩在当前的业务范围内成长。

有的企业不注重股东的利益，投资的时候没有为股东着想，也从来不想着通过分红的形式来满足股东对收益的需求。这样的企业容易让股东丧失信心，也无法吸引更多的投资者与合作者，当市场信心受挫和企业形象受到破坏时，企业资本结构容易出现问题。

有的企业只想着将利润作为企业家或管理者个人的盈利，不懂得和员工们分享，甚至只想着剥削员工的劳动力来榨取更多的价值，导致员工对工作失去激情，对企业的忠诚度直线下降。有的企业缺乏明确、标准、合理的薪酬体系，薪酬发放全凭个人喜好与亲疏关系，而且明显存在一些不合理的支出，这会导致内部薪酬体系出现混乱，难以产生足够的说服力，并失去激励效果。

此外，很多企业非常激进，不懂得适当留存利润，导致企业因为过度分配而引发资金紧张的状况，一旦企业面对危机，很容易陷入困境。

一般情况下，发展良好的企业一般形成了"价值评价——价值分配——价值创造——价值评价"的闭环。价值评价包括职位评价、任职评价、绩效评价，它基本上以结果为导向；价值分配主要是薪酬管理、福利分配、员工发展等内容，坚持以奋斗者为本的理念；价值创造涉及企业战略管理、组织绩效管理和个人绩效管理，主要是坚持以客户为中心的理念。整个闭环中的三个要素相互作用、相互影响，价值分配往往影响到价值创造和价值评价。其中，价值分配直接决定了价值创造能力，也就是说一个企业的发展高度往往和它内部的分配体系息息相关，企业如何分配利润能够体现出企业的发展模式和发展高度。

无论是对管理者、股东,还是员工,这个闭环都是有效的,企业的利润分配直接关系着价值创造和利润的获取。也正是因为如此,优秀的企业应该重视打造合理的利润分配体系,通过合理的利润分配来推动企业的业务增长和价值增长。

其中,对员工的利润分配最能体现管理者、企业的思维高度,因此,企业需要站在战略高度上来打造更为合理的利润分配体系。具体来说,管理者需要通过晋升、加薪、分红、虚拟股份激励等方式强化奋斗者的工作意愿,推动他们不断提升自己的价值创造能力,满足客户的需求,并为企业创造更多的财富和利润。

在打造利润分配体系的时候,首先,企业要懂得保持分配的多样性,除了常规的薪酬之外,企业要非常重视员工的福利,看重员工的发展需求,并积极为他们打造更好的发展平台与发展机会。为了让对方产生足够的忠诚度,管理者应该对员工的工作能力、工作状态、工作表现给予赞美和认同,通过这种精神鼓舞的方式来强化员工的工作积极性。在面对不同层级、不同类别、不同能力的员工时,激励的手段、策略和程度应该有所不同。

其次,企业要注重短期激励与长期激励的结合,短期激励能够在短时间内提升团队的进攻性和竞争性,让员工变得更加积极主动。长期激励则侧重于保持公司的稳定性,对企业长远的发展非常有利。一般来说,合理的激励模式就是不断增加短期激励,保证团队的活力和干劲,然后将长期激励保持在适当水平上,这样可以有效保证奋斗者的饥饿感,确保他们时刻保持在激活状态。

最后,打造利润分配或者薪酬体系的等级制度,确保不同层级、不同能力的成员获得的薪酬激励可以划分各个不同的层级。这种层级划分有助于推动真正的公平,有助于激发奋斗者强大的竞争意识,并提升企业的竞争力。

合理的利润分配可以调动企业员工的积极性和创造力,而这样的方式对于合作者来说同样适用。当企业懂得将利润按照一定比例返还给供应商、经销商时，彼此之间的合作会变得更加密切、更加深入，而合作商获得足够多的利润时，会创造更多的价值。

培养全局思维，从大局上看待企业的发展

某企业最近两年的销量非常不如意，市场份额不断下滑，公司为此召开了内部会议，商讨对策。在会议上，市场部和生产研发部进行激烈交锋，生产研发部的负责人指责市场部的人工作不努力，营销效率低下，导致公司内部的库存量不断增加，这直接影响了生产研发部的研发和扩产计划。而市场部的负责人则将责任抛给生产研发部，他认为正是因为研发出来的产品没有什么竞争力，被客户嫌弃，才导致自己的营销计划受挫。如果企业有好的产品，能够提供市场所需要的产品，那么产品怎么会卖不掉呢？

当两个部门相互推诿时，总经理直接对两个部门做出了指示，要求研发部门必须尽快研发出受市场欢迎的好产品，同时要求市场部进行整顿，让那些工作不努力、业绩不达标的员工走人。可是这一次的会议并没有带来什么改变，公司的销量和营业额仍旧在不断下滑。

在这个案例中，无论是生产研发部门还是市场部，或者总经理，他们都犯了一个错误，那就是过于片面、狭隘地看待企业的发展问题，他们将企业营业额下滑的原因归结为某一个点，而没有运用全局思维来思考这些问

题。如果认真分析，就能够发现企业销售量、销售额下滑并不是某一个部门的原因，往往是整个团队不合理运作体系的一种表现。市场部虽然直接负有责任，但如果产品不好，无法受到市场的认可和欢迎，那么即便营销技巧再高明，营销渠道再丰富，也难以将产品卖出去。同样，如果没有营销部的努力，那么研发部提供的产品都可能会在激烈的市场竞争中被湮没。更重要的是，如果没有市场部的反馈，没有他们在市场上搜集重要的客户信息，研发部就像无头苍蝇一样工作。

在解决某个问题时，企业不能将关注点停留在某一个点上，就像企业想要提升市场占有率，不能仅仅关注企业的营销方式，或者不能将关注点完全放在产品的研发上一样。考虑到企业是一个复杂的组织，各个组成部分相互联系、相互影响，企业在决策和行动的时候，必须做到全方位考虑、全方位分析、全方位整合，既要看到眼前的利益，也要看到长远的利益，既要顾忌局部的利益，也要顾全整体的利益。企业需要站在整个发展态势上来思考问题，需要以整个企业的发展为立足点，分析相关问题对整个企业的影响，这就是全局思维的体现。

全局思维是系统化思维的一部分，它主要强调企业的整体性、长远性，而不是孤立地看待各部门和各业务模块之间的关联性，以动态的、整体性的思维来分析各种情况。

一般情况下，企业需要从几个方面的工作中展示全局思维：

1.战略规划。战略规划是企业发展的总纲领，因此企业在制定战略时，应该立足全局，从企业发展、行业趋势、市场环境变化、竞争对手变化等多个角度进行分析，明确自身的定位和发展路径，确保战略规划具备前瞻性，具备全局性。

2.企业文化塑造。想要培养员工的全局化思维，企业就需要在内部打造相应的企业文化，构建全局化思考的氛围，通过日常的激励、员工培训、领导者的以身作则等方式，带动更多的人培养大局观，提升整个团队的战略执行能力。

3.资源整合。资源整合是企业管理过程中非常重要的工作内容，包括人力资源配置、财力配置、技术整合，相关的整合工作需要立足整个企业，而不是单个人或者单个部门，这样做就可以有效在各部门、各业务环节之间实现资源的高效流转与优化配置，确保资源可以实现价值最大化。在这个过程中，企业需要打破部门墙，彼此之间积极分享与合作，产生更大的协同效应。

4.风险管理。对于企业来说，需要建立全局性的风险管控体系，要注意各部门、各业务环节之间的关联性。对于局部出现的问题，企业不能头痛医头脚痛医脚，而要在全局上做好防控，避免问题扩散，并威胁企业的发展。

5.创造社会效益。企业的直接目的就是为了获取利润，这是企业的经济效益。而经济效益并不是企业发展的唯一目标，企业在发展过程中不能只想着追求经济效益，很多时候还要立足全局，看看企业发展对整个社会的价值和影响。企业需要在创造经济效益的同时，创造更多的社会效益。

在各项业务和工作的具体实施过程中，企业需要在三个层次上把握好全局思维。

最低层次的全局思维是关注系统因素关联性，确保解决方案具备可操作性。也就是说，企业的思维方式和解决方案只适合当前系统的问题，一旦进入下一个工作环节，当前的思考方式、解决方法就会失效。

掌握全局思维的第二层次是关注价值实现整体性，确保整体利益的最大化。比如，很多时候人们只关注本单位、本部门的利益，只会站在自身所处单位的立场去思考问题，这会导致部门之间的合作受限，甚至可能会因为部门之间合作不畅而影响整体的利益。

全局思维的最高层是关注内外因素动态性，确保长远利益不会被忽视。

这里主要强调的是时间概念,即企业在不同发展阶段,发展的特性与外部环境都是不同的,某一特定阶段的最优解决方案,到了下一个阶段就未必是最优的。

对于企业来说,应该努力运用最高层的全局思维来思考问题、解决问题,这样才能真正把握住更多更好的发展机会,并降低企业要承担的风险。

关注发展结果，更要重视成长过程

斯坦福大学行为心理学教授卡罗尔·德韦克认为，人的思维模式可以划分为两种：第一种是固定型思维模式；第二种是成长型思维模式。固定型思维模式是指人们在做事时，侧重于通过结果来评判个人的能力和水平，他们并不关心自己可以在做事的过程中获得什么成长，只在乎最终的结果是否令人满意。为了实现一个令人满意的结果，他们常常会不计代价地做出努力。成长型思维模式的人虽然也会看重最终的结果，但他们更加在意自己是通过什么方式来解决问题，以及完成工作目标的。他们通常喜欢冒险，喜欢接受各种挑战，喜欢拥抱外界的变化，并且认为过程才是推动个人成长的关键。

企业通常也具备这两种思维，拥有固定型思维模式的企业往往只看重最终收益，只看重产量、销量和营业额，它们对自己是如何实现目标的并不感兴趣，也不关心自己是否在执行任务的过程中获得了成长，以及如何获得成长。相比之下，拥有成长型思维模式的企业通常更加关注企业发展的过程，包括流程设计、资源整合、方法的尝试以及经验的总结，这些对于企业未来的成长和发展很重要，也有助于企业持续改进和进步，实现利润的进一步提升。拥有成长型思维模式的企业，更加重视成长过程，它们觉得只要控制好过程，只要注意在过程中提升自己，那么企业获得更高的利润就是水到渠成的事情。

关注发展的结果和关注发展的过程，往往存在很大的区别，这种区别往往会影响企业发展的走势。

假设甲、乙两个项目团队都在实施一个重大的项目，两个团队都被要求一年以内完成10000套产品的产量。甲团队将关注点完全放在10000套产品的考核指标上，他们只关心自己是否能够顺利完成任务，因此立即加大马力，要求每一个员工都要加班加点完成任务。为了不影响团队的年终考核，团队负责人额外开通了一条生产线，于是产量得到了显著增加。到了年底的时候，甲团队顺利完成了11000套产品的生产。

乙团队虽然也非常重视这项任务，但是相比于完成10000套产品的产量，他们更加看重自己在完成任务过程中所做出的各种努力，包括流程设计、各种方案的尝试、新技术的运用，也包括人力资源的合理控制。与此同时，整个团队还在实施方案的过程中不断总结经验，不断改进和完善自己的方法、策略以及技巧，努力找到团队提升工作效率和工作效能的方法，并积极构建实现利润提升的渠道。

年底的时候，乙团队勉强完成了10000套产品的产量，比甲团队要少生产1000套产品。可是由于出色的成本控制、合理的流程设计、充分的方法总结，乙团队只花费了1200万元的成本。反观甲团队，由于一味看重目标和结果，并不关心如何去完成任务，导致团队不计成本和代价地创造完成任务的条件，最终花费了2000万元的成本。更重要的是，乙团队依靠着经验的总结和方法的完善，在第二年将产量提升到了15000套产品，成本相比于前一年，提升了10%，为1320万元。而甲团队的产量仍旧停留在11000套产品左右，成本也始终维持在2000万元左右。

对于那些只看重结果的企业来说，它们会将营业额或者收益作为一个终极目标，至于如何去实现这个目标和结果，如何更高效地完成目标，则不在它们考虑的范围内。这种思维模式往往会造成很多不良的结果：比如，企业片面强调最终的收益，而忽略成本的投入，会直接导致企业内部用更高的成本投入堆出一个"令人满意"的结果，以至于投入产出比严重失衡。又比如，企业只看重结果，而不重视对经验的总结和对流程的完善，以至于企业的工作效率无法得到任何的提升，也导致执行过程中出现的一些错误无法及时得到解决，内部工作体系也无法做到统一化、标准化、效率化，为企业后续的发展埋下隐患。

那么，企业具体应该如何做呢？

首先，企业要设计一个业务流程，并且要依据项目实施的情况随时进行合理的调整，想办法对过程中的方法、节奏、顺序、要素等进行调整和改进，确保整个流程不会偏离目标。同时，企业也要努力提升流程的效率，确保企业可以做到成本最小化和利润最大化。

其次，要进行阶段性的考核，了解每一个阶段的工作表现，了解相关工作的发展趋势，并通过绩效考核的结果对相关的工作进行合理复盘，找出不合理的地方，并注意方法和经验的总结，确保在下一阶段的工作开展之前进行调整。

最后，要注意记录那些重要的工作内容和信息。相关的工作人员需要在工作中随时随地搜集信息，记录自己的工作，尤其是一些关键的工作内容。记录的目的就是更清晰地了解自己做了什么，以及是如何去做的，在完成阶段性的任务之后，这些记录就会成为重要的参考依据。

过度看重利润，会让企业陷入短视的困境

利润是检验企业效能的关键指标，是推动企业发展和社会财富增加的重要保障。不过，需要注意的是，强调利润以及追求利润虽然是企业发展最直接的目标，但并不应该成为最终的目标，企业不能一味地追求利润，更不能将利润最大化当成唯一重要的事情来看待。

管理学家彼得·德鲁克说："企业也必须负担社会成本，例如必须对学校、军队有所付出等。换句话说，这表示企业必须赚钱纳税。而为了未来的成长及扩张，企业还需要去创造资本。但最重要的是企业必须获得足够的利润以承担自身的风险。"

利润和获利率并不是不重要。实际上应该是获利率不是企业及商业活动的目的，只能算是一个限制性的因素。利润也不是所有企业从事活动与决策时的原因或理由，而是检验企业效能的指标。

只强调利润，将会误导管理者，甚至危害到企业的生存。因为管理者会为了今天的利润，而破坏企业的未来。他们会拼命去扩张那些目前销售最好的产品生产线，却忽略那些未来市场的明日之星。

利润并不是企业的行为和决策的解释、原因或其合理性的依

据，而是对其有效性的一种考察。利润最大化的危险在于它使盈利性变成了企业追逐的唯一目的。

德鲁克认为，企业的发展要避免"唯利是图"，而应该立足长远，看重企业未来的发展，因为过度追求利润会让企业变得短视，会让企业痴迷于短期收益，甚至误入陷阱。许多企业在发展过程中常常会遭遇各种利诱，一些看起来很赚钱的项目很容易让企业出现目标偏离的行为，导致企业放弃原来的项目和发展路线，转而追求"高利润"的短期项目，导致那些真正有发展空间的好项目被搁置。还有一些企业片面看重高利润，而忽略了相关项目隐藏的巨大风险。为了获得高利润，它们往往会采取一些冒险的行动，而这些举动很容易将企业置于危险的境地。

真正优秀的企业应该有一个稳定的、理性的发展模式，企业对于机会的评估、选择和把握应该更加合理。真正优秀的企业家应该具备战略思维，应该站在战略高度上规划自己的发展，而不是单纯地将利润作为唯一的发展指标，他们会特别看重未来的成长空间，并努力打造一家可持续发展的企业。考虑到企业家以及企业需要承担的社会责任，需要追求的社会效益，企业家更应该立足长远，站在更高的层次上看待企业的发展问题。

苹果公司的创始人乔布斯一直鄙夷利润至上的企业文化，他一次次在内部会议上表明自己的立场："我的激情所在是打造一家可以传世的公司，这家公司里的人动力十足地创造伟大的产品。其他一切都是第二位的。当然，能赚钱很棒，因为那样你才能够制造伟大的产品。但是动力来自产品，而不是利润。斯卡利本末倒置，把赚钱当成了目标。这只是个微妙的差别，其结果却会影响每一件事：你聘用谁，提拔谁，会议上讨论什么事情。"

乔布斯严厉批评了自己招揽过来的斯卡利，也批评了微软公司的鲍尔默，在他看来这两个人更多的只是在销售产品，确保企业的财务状况更加好看，他们只是伟大的销售员，而不是真正意义上的企业家。尽管乔布斯承认自己和微软公司存在私人恩怨，但他还是理性客观地剖析了微软的现状，认为微软在最近十几年时间里之所以没有什么进步，就是因为微软公司看重销售，看重利润，而忽略了做出伟大产品的决心。

在多个场合中，乔布斯毫不掩饰地表明了对那些自称"企业家"却看重利润的创业者的鄙夷。他认为这些人创建企业的目的就是为了多赚钱，有必要的话，他们会毫不犹豫地卖掉企业，或者在企业上市之后立即套现离场，他们并不是真正想要创建一家伟大的企业，也不愿意做一家真正的公司所需要做的工作，他们大都为了私利，而不是对社会做出更大的贡献。乔布斯希望苹果公司内所有的成员可以在获取利润的时候，建立更高的追求，一同创造一家可以传世的伟大企业。

运用战略思维看待发展问题，坚持利润至上的企业文化，并不是说明利润不重要，也不是要求企业放弃对利润的追求，而是让企业在追求利润的同时，更加注重可持续发展，更加注重对社会的贡献。从某种意义上来说，基业长青本身就是确保效益最大化的一种绝佳方式。

不过分看重利润，正是寻求未来成长的一种体现。这里强调的未来发展空间可以从两个维度来分析：第一个维度是内在价值的评估；第二个维度就是企业的竞争属性。一般来说，内在价值高的企业，未来的成长性更高，那些优秀的企业往往具备很高的内在价值，并且它们非常注意提升这种内在价值，而不是单纯地让自己的利润表看起来更好看。衡量这种内在价值的指标有很多，现金流、净资产收益率、市盈率都可以。企业的竞争属性简单来说就是看企业的核心竞争力是否足以形成竞争壁垒，是否具备形成护城河的实力。一家企业即便出现暂时的亏损也无关紧要，只要这家公司拥有又深又宽的护城河，其他竞争对手无法威胁到它的优势，企业就能够在更长的时间内保持不错的盈利能力。

改变思维逻辑,构建新的思维体系

创新是依靠人来推动的,没有人来主导,没有人来执行,那么创新工作也就无从谈起。想要让人认真对待创新工作,强化创新意识,那么首先要做的就是在思维上进行创新,毕竟只有思维上接受了创新,才能够真正找到创新的切入点,才能保证创新工作的持续性。

思维创新的目的是改变传统的思维模式和思维逻辑,打造一个新的价值逻辑,并利用新的逻辑来构建正确的思维体系。那么,这种价值逻辑应该如何做出改变呢?

第一步,要将"规模增长"的思维转化成为"价值增长"思维。在过去很长一段时间,企业家都将发展规模当成评估企业发展状况的最重要指标。可是从价值逻辑来分析,规模增长并不意味着企业真的变强,并不意味着企业为客户价值创造能力或者盈利能力变强,真正强大的企业必须实现价值增长,追求更为强大的客户价值创造能力,必须提升自身的盈利能力以及在产业链中的地位。

很多痴迷于市场规模,痴迷于市场份额的企业,往往会不顾一切地扩大规模。但是,盲目扩大规模也带来了成本的快速增加,这些成本完全超出了企业正常的承受范围,它们的增加伴随着边际效益的减少,甚至企业在亏损的状态中扩大规模。而这种规模增长方式是很难持久下去的,企业很容易被庞大的规模束缚，最终失去活力，甚至会因为资金链断裂而破产。优秀的企业会依据自身的实力与发展需求来控制好企业的规模，而不是盲目求大。它们在发展的过程中更加注重价值创造的能力，能够为客户创造更大的价值，并以此来获取更大的利润。这种思维逻辑决定了它们更容易在市场上获得成功，并保持持续增长的利润。一般来说，企业想要实现价值增长，需要多维度、多层次制定关键策略，比如强化核心竞争力，并在核心能力的基础上开发新产品或服务，又比如打造多元化的业务组合，也可以深耕现有市场，提高市场份额，推动内部的创新与研发。此外，企业还可以通过并购与战略合作实现价值增长。

第二步，将"由内向外"的思维逻辑转化成为"由外向内"的思维逻辑，这是卖方市场向买方市场转移的必然结果。在传统的市场秩序当中，卖家占据更多的主动权，但是随着市场的完善和市场经济的发展，卖方与买方的地位已经发生了逆转，传统的商业模式和思维逻辑都不再适合新的经济秩序和新的经济发展状态了。如果企业的视野不能及时从内部转向外部，不能依据市场的变化来调整自己的经营管理方式，那么将会错失市场提供的更多机会。

企业需要立足于市场，立足于客户需求，重新构建思维逻辑顺序，即先了解客户的偏好，接着明确销售的最佳渠道，并确定自己要销售的产品和服务，最后弄清楚自己在具体的经营活动中需要投入什么资源，需要具备什么样的能力。按照这样的思维逻辑，企业需要从客户出发，以市场为导向，需要将自己的生产活动建立在洞察市场环境、行业趋势的基础上，从而更好地把握企业未来的成长模式。

第三步，将"封闭自主"的思维转化成为"开放协同"的思维。全球化经济的发展一直在推动企业走向开放，随着分工的细化，企业根本无法在封闭的状态下依靠自身的力量获得快速的发展，企业需要将自己放在产业链上，并依赖整个产业链来成长。在这种背景下，人们需要以全球的视野看待发展问题，应该建立起协同合作思维，将企业融入全球产业链体系和区域性产业集群体系之中。洞察趋势，把握发展机遇，并专注于产业链的某一环节，打造竞争优势。企业需要意识到产业链的价值，需要借助开放、协作的平台，持续提升竞争力，实现价值增长。

从"封闭自主"到"开放协同"的转变是企业发展的必然趋势，企业想要获得长久的发展，就要迎合这种趋势，主动改变自己的思维逻辑，寻求更加开放的发展机制。在这个过程中，企业要做的不仅仅是接纳、合作，还有对未来局势的掌控和理解，企业不能孤立地看待自己的发展，而是从外部寻求更大的发展助力。比如，寻求更加优质的合作者，在产业链寻求商机，并积极整合产业链资源。

从某种意义上来说，利润就是对未来趋势的一种把握，想要获取利润，就需要把握住企业发展的趋势、行业发展的趋势，以及时代进步的趋势。对趋势的把握要求人们在思维上也要与时俱进，依据时代的发展需求进行升级。思维的提升或者说思维逻辑的改进，可以帮助企业站在更高的高度上看问题、想事情，可以让企业获得更多的发展机会。

章节须知：

向前看，不要满足于现状

加州大学洛杉矶分校管理学院的教授理查德·鲁梅尔特在《好战略，坏战略》一书中说道："出于对永生的渴望，我们希望这些新兴企业能够将其成功永远延续下去，就像逐渐老去的商人疯狂地追求持久的竞争优势一样。但是，这些新兴企业同样也会像它们之前的优势企业一样，在取得优势之后变得松弛和懒散。随着时间的推移，它们中的大多数都不会像原来那样重视紧密协调的竞争战略，反而更加依赖前期积累起来的资源。由于依赖这些资源实现盈利，它们在紧密协调方面的工作就不会如从前……它们会竭力通过并购其他企业给人制造一种依然生机勃勃的表象。当它们固有的资源基础最终变得过时落伍之际，它们也会沦为新一轮新兴企业的牺牲品。这是生命的轮回。"

如果将企业发展的时间线拉长的话，那么无论是什么样的企业，最终都不可能真正实现基业长青。哪怕是那些最优秀、最伟大的企业，最终的发展结局就是逐渐"平庸化"，这是所有企业无法逃避的命运，也是企业发展规律的真实体现，因为每个企业都会经历诞生、发展、高速扩张、走下坡路、消失这样的生命周期。如果认真分析和观察，就会发现世界上所有伟大的企业和品牌都会走向终结。几十年前那些最优秀的企业现在也慢慢沦为平庸，即便是一些百年企业，也不可避免地陷入发展迟缓的问题。

不过，在很多时候，企业很容易陷入一种思维困境，那就是觉得自己足够强大，觉得自己还能依靠现有的资源、技术、模式继续存活下去。这种错误的思维和直觉让大多数企业都很快从明星企业沦为平庸，甚至快速消失。柯达公司认为自己可以依靠胶片继续称霸市场几十年，所以错过了数码时代；诺基亚认为自己在功能机领域的垄断地位在几十年内都不会遭到挑战，所以并没有在智能机、软件开发、手机系统开发方面投入太多的努力，最终被苹果和华为取代。这些企业都停留在传统时代的垄断思维模式中，认为大就是强，认为大鱼可以吃掉所有的小鱼，却不知道时代的快速发展已经让规模庞大的企业变得行动迟缓，而它们并没有想过寻找一个新的发力点和利润增长点。

乔布斯曾经说过："当公司扩大规模之后，就会变得因循守旧，他们觉得只要遵循流程，就能奇迹般地成功，于是开始推行严格的流程制度，很快员工就把遵守流程和纪律当作工作的本身。"很多公司依靠新技术和新模式打造了出色的产品，也借此机会扩大了市场规模，但尝到甜头的它们也会丧失继续奋斗的决心，反而认为自己根本不必着急创新，而这正是它们被市场快速淘汰的原因。

一个优秀的企业家绝对不会容许企业陷入停滞状态，在意识到企业无法依靠当前的资源和模式持续发展时，他们会果断选择新的模式，寻找新的增长点。股神巴菲特在投资高ROE（净资产收益率）企业的时候，向来非常重视企业分红，他认为，边际效益递减是一个无法抗拒的自然规律，当企业无法继续维持高增长、高利润时（这是必然会发生的事），投入的成本与回报会不断失衡。为了防止企业胡乱投资和花钱，企业还不如直接将获得的分红分给那些股东，然后让股东去选择更好的企业和项目进行投资，确保资金可以创造更大的价值和利润。

巴菲特希望股东来发现并完成更多优秀的投资，而对于一家企业来说，它们同样需要面对企业的下滑趋势，但又不能够表现得无动于衷，除了延缓衰弱的速度之外，最务实的方式就是不断寻求新的利润增长点。通常就是打造一个新的盈利项目，将资源从当前的主要项目和品牌上向新项目、新品牌倾斜，实现资源、资本、技术的转移，从而让企业以一种新的形态发展下去。

英国管理学家查尔斯·汉迪曾提出企业增长的"第二曲线"理论。他认为，任何一家企业都会面临发展的生命周期，这就是企业的第一曲线，而想要顺利摆脱生命周期中的衰弱期，躲避最后的消亡，就需要在衰弱和消亡到来之前实现不断迭代和创新，找到"第一曲线"之外的"第二曲线"，也就是新的经济增长点或者利润增长点。

那么，企业需要怎样做呢？

首先，企业必须及时审视现状，对现有商业模式、产品、服务、技术、市场环境进行分析，识别"第一曲线"的增长瓶颈，找出潜在的风险。

其次，积极观察市场与行业，洞察行业发展的趋势，了解技术的进步和社会变革等外部因素，预估时代和行业发展的方向，以及足以改变现有规则的相关要素，从而提前做好部署。

复次，企业需要针对自己做出的预测，积极整合资源，挖掘内部的创新能量与资源，探索利用创新能量与核心优势的方法，找到一个合适的业务切入点和价值创造方式。

再次，企业需要对相关的价值创造方式进行小规模的试验，通过开放式的创新来构建新产品，找到业务转型的突破口。当"第二曲线"被发现之后，就可以投入必要的资源和支持系统，推动它的成长。这个时候，仍旧要分清主次，不要为了发展"第二曲线"，而忽略"第一曲线"的继续开发和利用，毕竟"第一曲线"此时仍旧是企业利润的主要来源。

最后，企业寻找利润增长点之后，要注意操作的时机，即什么时候开始重视"第二曲线"。查尔斯·汉迪认为，最好的操作时机就是企业在"第一曲线"到达顶峰之前开始选择"第二曲线"，这样做正好迎合了企业发展的周期表。如果企业未能在合适的时间里找到重新增长的"第二曲线"，企业最终会走向衰落并破产。如果企业在"第一曲线"的项目刚好到达失速点[①]时，启动"第二曲线"的项目，就可以有效实现"第一曲线"和"第二曲线"之间的完美衔接，这样可以让企业的盈利实现最大化。

需要注意的是，在寻找"第二曲线"的时候，不要总是想着如何寻找颠覆性的技术和模式，而应该更多地关注自身现有的优势。在自身优势的基础上寻求转型，这样可以降低寻找"第二曲线"的成本和难度。

---

① 一个企业的发展总会遇到瓶颈，业绩止步于某个数额，遇到这个瓶颈即是失速点。